엄마도 브랜드다

초판 1쇄 발행   2024년 10월 23일

지은이   김세인
발행인   곽철식
펴낸곳   ㈜ 다온북스

마케팅   박미애
편 집   김나연
디자인   박영정
인쇄와 제본   영신사

출판등록   2011년 8월 18일 제311-2011-44호
주소   경기도 고양시 덕양구 향동동391 향동dmc플렉스데시앙 ka1504호
전화   02-332-4972   팩스   02-332-4872
전자우편   daonb@naver.com

ISBN 979-11-93035-53-5 03320

더 이상 엄마로만 살지 않기로 했다

엄마도 브랜드다

김세인 지음

다온북스
DAON BOOKS

누군가의 딸로 살아가는 삶보다 누군가의 엄마로 사는 삶이 더 깁니다. 저자는 그 누구를 위한 삶보다는 자신을 위한 삶 그리고 세상을 위한 삶을 살라고 외칩니다. 독립적인 삶이 가장 행복한 삶이 될 수 있다는 이 신박한 메시지가 엄마들을 이렇게 설레게 할 줄은 몰랐습니다. 더 큰 1인 기업이 여기서부터 시작합니다. 브랜드가 있는 엄마는 자녀와 남편 그리고 가족과 사회에 놀라운 영향력을 만들게 될 것입니다.

1인 기업 국민 멘토 교수 김형환

'기버, 열정, 실행력' 김세인 하면 가장 먼저 떠오르는 단어입니다. 주어진 삶에 순응하기보다 스스로의 길을 만들고 해내는 성장하는 사람, 그녀를 한마디로 말하자면 'Way Maker'입니다. 그 길에 함께할 수 있어 영광입니다. 남을 도우며 성장하겠다는 올바른 가치관으로 해야 할 일을 매일매일 꾸준히 해낼 수 있는 것은, 아주 사소하지만 쉽지 않은 일입니다. 이 책을 읽으며 저 역시 공감하며 울고 웃었습니다. 아무것도 없었던 시작점에서 지금 있기까지 작은 것에 대한 기회를 놓치지 않는 그녀의 열정과 꾸준함이 존경스러웠습니다. 결심한 순간부터 포기하지 않고 해내는 이의 이유와 방법 그리고 결과가 궁금하지 않으신가요?

커리어잇다 CEO 정이레

엄마가 브랜드가 되기 위해선 '나'부터 잘 알아야 한다고 생각합니다. 어느 날 온라인에 혜성처럼 나타난 김세인 대표님을 오프라인에서 만나고부터 달라지기 시작했습니다. 함께하는 엄마 사업가가 있다는 것 자체가 든든했습니다. 저와 함께하는 3040 엄마들을 세인 대표님과 연결해 드리기 시작했습니다. '엄마'라는 이름에 실행을 더해지니 엄마들의 개인 브랜드가 만들어지는 것을 눈으로 직접 실감했습니다. 사업가 엄마들의 유대감이 단단해졌고 퀀텀 점프를 하는 분들이 많아졌습니다. 엄마에서 대표로 그리고 사업가를 꿈꾸신다면 바로세인님의 책을 읽고 한번 오프라인에서 찾아가 보세요. 삶이 브랜드가 됩니다.

블로그 성장 멘토 그릿지선

'엄마 실행 멘토' 김세인. 그녀는 다니던 회사를 박차고 나와 자신만의 삶을 찾았습니다. 새벽 4시 30분에 일어나 액션 독서를 하고, 달리기를 하고, 마라톤에 참여하고, 콘텐츠 제작을 하고, 글을 씁니다. 그저 혼자만의 만족으로 끝이 아닙니다. 진정한 '나'로서의 시간을 보내면서 엄마로도, 나로도 바로 설 수 있었기에, 수많은 엄마들도 함께 경험하길 바라는 마음으로 이끌어 주는 '실행 멘토'입니다. 금수저도 아니고, 타고난 능력이 있는 것도 아니지만, 오직 근성과 노력 하나만으로 지금의 모습을 이루어 냈습니다. 진심은 통한다고 했던가요? 김세인 작가의 행보는 엄마들의 마음을 울렸고, 자연스럽게 그녀의 커뮤니티에 모여들었습니다. 이 책은 평범한 직장인, 엄마에서 진정한 자기 계발로 바로 선 엄마 이야기를 담고 있습니다. "엄마도 브랜드"란 말, 생각만 해도 달콤하고 멋진 말입니다. 엄마인 당신도 할 수 있습니다. 지금, 이곳에서, 함께.

브랜딩 책 쓰기 코치 '머끄대장 썬' 이선영

처음 만났을 때부터 지금까지 세인 대표님을 알게 된 지 1년이라는 시간이 지나는 동안 그녀의 이미지는 한결같습니다. '실행, 의지, 긍정' 이런 에너지는 자신뿐만 아니라 옆에 함께 하는 사람도 전염시킵니다. 이 책은 단순히 엄마들이 어떤 성공적인 직업을 가지는 것 이상의 의미를 담고 있습니다. 엄마의 정체성과 경력을 하나로 융합시켜, 개인 브랜드로서 당당하게 설 수 있다는 용기를 줍니다. '엄마들의 실행 코치'로 활동해 온 대표님의 풍부한 경험과 실제 사례들을 통해 많은 엄마 독자들에게 큰 용기와 영감을 줄 것이라 확신합니다. 이 책을 통해 많은 엄마들이 자신의 꿈을 현실로 만들어 가길 바랍니다.

드림플래너 김수현

언제나 열정 만점 에너지 넘치는 세인 대표님을 보면서 저자가 하는 일에 뭐든지 응원하는 사람이 되었습니다. 저자는 "작가님 섭외는 어떻게 해야 하나요?", "오픈톡방 운영 노하우 강의해 주시면 안 되나요?" 제안하기의 여왕이었습니다. 이 책을 읽는 여러분도 저자처럼 하고 싶은 게 있다면 망설이지 말고 역으로 제안하세요! 드림보드 오프 강의 후 "상미 대표님과 친하게 지내고 싶어요"라는 저자를 보며 생각했습니다. "자기 의사 표현을 이렇게 정확히 하는 사람이 몇이나 될까?" 저자를 만

나면 넘치는 에너지와 실행력 폭발 닮고 싶다는 생각이 들 것입니다. 엄마로서 멋지게 성장해 나가는《엄마도 브랜드다》책 출간을 축하합니다.

낭독클럽 대표 김상미

　이 책은 일과 육아 사이에서 길을 잃고 방황하는 모든 엄마들에게 나침반 같은 역할을 해줄 것입니다. 김세인 작가님 자신의 소중한 경험을 바탕으로, 엄마로서 그리고 하나의 인격체로서 온전히 살아가는 법을 섬세하게 풀어내고 있습니다. 단순히 워킹맘으로서의 역할을 넘어, 스스로를 찾아가는 아름다운 과정을 진솔하게 담아내며, 자아를 찾아 헤매는 엄마들에게 따뜻한 위로를 전합니다. 이 책은 작가님과 같은 길을 걷는 모든 엄마들에게 용기와 힘을 선물해 줄 것입니다. 이 책을 펼친 독자들이 삶의 주인으로서 자신만의 빛나는 길을 찾아 나가기를 진심으로 바랍니다.

《마흔, 엄마가 꿈꾸는 나이》공저 작가 윤슬인

　세인 작가님과 함께하면 즐겁습니다. 작가님이 내밀어 주신 손을 잡으면 어느새 즐겁게 실행하고 있는 저를 만납니다. 제가 만난 김세인이란 사람은 "같이 하실래요?" 이 한마디로 사람을 움직이는 에너지를 가진 사람이며, 어떤 핑계도 대지 않고 모든 수단과 방법을 동원해 일을 되게끔 만드는 사람입니다. 세인 작가님의 손을 잡고 가시면 오늘보다 더 나은 내일을 만드는 재미를 온몸으로 경험하실 겁니다. 이 책을 읽고 작가님의 긍정 에너지를 여러분의 것으로 쌓아가시길 기대합니다.

《엄마들의 이유 있는 반란》 소소작가 이은정

직장 생활과 자녀 양육을 병행하는 엄마들은 둘 다 잘 해내기 위해 애쓰지만, 그 속에는 아무에게도 말하지 못하는 고민거리가 있습니다. 이 책은 일하는 엄마들이 나아갈 길을 알려줍니다. 홀로서기를 하며 자신의 삶을 온전히 꾸려나가는 과정을 자세하게 그려내고 있습니다. 제 몫을 다해가면서도 참다운 자신을 찾아가는 과정을 꾸밈없이 담아내고 있어요. 맞벌이로 인해 지치고 힘들 때 김세인 작가의 조언 덕분에 올바른 방향으로 나아갈 수 있었습니다. 저에게는 새로운 도전이라는 것이 그저 책 속에서나 볼 수 있는 허황된 이야기로만 느껴졌습니다. 그러나 멤버십을 통해 나아갈 길을 제시해 주었고, 시도할 엄두도 내지 못하고 있을 때 도움의 손길을 내밀어 주셨습니다. 자신이 나아가야 할 길을 찾지 못한 사람들에게 이 책은 자신의 인생을 스스로 개척해 나갈 수 있도록 도움을 주는 책입니다. 방향성을 제대로 잡고 앞으로 나아가고 싶은 분들에게 강력히 추천드립니다.

돈터치 가계부 멘토, 엄브멤버십 멤버 꿈꾸는 그레이스

워킹맘으로 15년을 지내며 마음속으로 원했던 일을 실행으로 옮긴 바로 세인 님! 주변의 도움 없이 아이를 키워낸다는 것은 너무도 힘든 현실입니다. 일과 육아를 오가며 항상 바쁘게 종종거렸습니다. 엄마로서 미안함은 항상 간직한 채 말이죠. 아이를 기다리고 맞이하며 '엄마'와 '나'로 성장하기 위해 과감한 결단을 내리고, 꾸준히 실행해 나가는 바로세인 님의 모습을 가까이서 지켜보며, 보이지 않는 깊은 에너지를 얻고, 그녀를 함께 응원하게 됩니다. 실행 멘토이자, 조력자이며, 때론 나이를 넘어 마음을 터놓을 수 있는 친구가 된 바로세인 님! 이 책에는 그녀의 실행 노하우가 고스란히 녹아있습니다. 올바른 맞벌이를 꿈꾸는 모든 엄마들에게 시작의 발판을 만들어 주는 지침서로 추천합니다.

원북클럽 멤버 소피아 님

세인 님의 깊은 통찰과 진솔한 경험이 담긴 소중한 책입니다. 지난 5년 동안 함께 책 읽으며, 울고 웃으며 성장하는 세인 님을 보는 것만으로도 우리 독서 클럽의 맏언니인 저에게는 큰 기쁨과 희망이었습니다. 특히 워킹맘으로 어렵게 아이를 가진 일, 바쁜 육아 생활 속에서도 '엄마'라는 브랜드를 확실히 정립시킨 일은 많은 워킹맘에게 귀감이 될 것입니다. 힘든 상황들을 몸소 겪어내며 얻은 지혜와 실천적인 조언은 많은 독자에게 실질적인 가이드를 제공합니다. 일과 육아 사이에서 갈팡질팡하는 엄마들에게 자신의 꾸밈없는 이야기를 조곤조곤 들려주는 이 책을 추천합니다. 이 책을 읽는 독자들이 '내 삶의 주인'으로 우뚝 서는 희열을 맛보시길 기원합니다.

《우물 밖으로 나간 개구리》 작가 민정애

"나경 엄마에서 올바른 맞벌이 연구소 소장이 되기까지"

'오롯한 나', '내 삶의 주인'으로 살겠다 마음먹은 건 생각보다 큰 계기에서 비롯되지 않았다. 육아맘으로 1년을 보내고 워킹맘으로 복직해 보니 현실은 생각했던 것보다 차가웠다. 후배들은 강하게 치고 올라왔고 윗선은 더 명확한 성과를 이루길 원했다. 회사에서 치일 때, 아이의 등·하원을 돕고 내가 퇴근할 때까지 아이를 돌봐 주시던 시어머님은 크게 표현하지 않으셨지만 너무나도 지쳐 보이 셨다.

그렇게 위태롭게 하루를 보내던 어느 날 갑작스러운 아이의 폐 렴 소식에, 회사에 양해를 구하고 급히 아이에게 달려갔다. 아이는 가래가 껴서 기침할 때마다 괴로워하고 있었다. 엄마를 봐도 데면 데면하던 얼굴, 모든 기운을 다한 듯 체념한 표정, 꼬질꼬질해 보이 던 아이의 옷소매까지…. 그때 눈에 들어온 모든 것이 나를 완전히 무너지게 했다. 그때 결심했다.

> "죽이 되든 밥이 되든 내 아이는 내가 키워야겠다. 회사 없이도 일
> 할 수 있는 무언가를 해야겠다."

하지만 바로 실행에 옮길 수 없었다. 나는 어떻게 먹고 살 것인지 고민해야 하는 '엄마'였고, 우리 가족에게는 '계획'이라는 게 필요했다. 이때부터 책을 읽기 시작했다. 원래도 책을 좋아했지만, 이때만큼 치열하게 책을 찾아 읽은 적은 없었다. 회사를 계속 다니면서 여러 책을 섭렵다가 어느 날 섬광 같은 빛 한 줄기가 지나갔다. 마치 깨달음 같은 것이었다. '아! 나 자신에 대한 확신만 있으면 무엇이든 할 수 있겠구나!' 사실 나는 그전까지 스스로에 대한 확신 없이 그저 주어진 일만 열심히 할 뿐이었다. 그러다 보니 막상 일을 그만두고 나서 무슨 일을 어떻게 해야 할지 막연했다. 그저 남들이 말하는 '지식 창업', '1인 창업'을 선택한 것뿐이었다. 그래야 아이도 돌보면서 내 일도 할 수 있을 테니까. 그래서 제일 먼저 남편에게 내 생각을 전달했고, 겨우겨우 남편을 설득해 일을 그만두었다. 복직한 지 딱 2개월 만이었다. 그렇게 나는 워킹맘에서 육아맘, 경단녀가 되었다.

퇴직 후 집에서 쉬는 동안 가장 먼저 한 일은 나를 찾는 연습이

었다. '내가 어떤 것을 잘할 수 있고, 누구를 위해 일해야만 내 삶의 원동력이 될까?', '돈을 받지 않더라도 기꺼이 할 수 있는 일이 무엇일까?'를 꾸준히 생각했다. 매일 새벽 4시 30분에 기상해서 나 자신을 찾기 위한 독서를 하고, 달리기를 통해 몸과 마음을 갈고 닦았다. 달리기를 하고 집으로 돌아오던 그 순간, 누군가가 꼭 나에게 메시지를 던지는 것처럼 하나의 생각이 스쳤다.

'나와 비슷한 엄마들을 위한 일을 하고 싶다!'

자의에 의한 육아맘이든, 타의에 의한 육아맘이든 경력 단절이 될 수밖에 없던 엄마들, 혹은 무언가를 하고 싶지만 무엇을 어떻게 해야 할지 길을 찾지 못하는 엄마들, 그저 아이를 돌보며 '내가 주인인 삶'을 살지 못하고 있는 엄마들, 워킹맘이지만 언제까지 회사에 다녀야 할지 모르겠고 나를 위한 일을 하고 싶은 엄마들, 그 모든 엄마를 위해 내가 하나의 본보기가 되어 주고 싶었다. 그리고 말해주고 싶었다. 당신도 나처럼 이렇게 해낼 수 있다고.

엄마가 오롯이 서고, 주체적인 삶을 살면 그 가정 자체가 바뀐다는 말이 있다. 엄마 스스로 인생을 바꿈으로, 즐거워지니까 육아 퀄리티도 높아지고, 자기 일에서 얻는 성취감과 자기 효능감으로 남편까지 변하게 되는 것이다. 나는 이런 가족의 놀라운 변화를 만들어 내고 싶었다. 당시 아무것도 없는 나에게 참 무모하면서도 큰 꿈이었다.

　내가 정말 감명 깊게 읽은 책《백만장자 메신저》(브렌든 버처드 저/위선주 역, 리더스북, 2018)에서는 이렇게 말한다. "당신은 세상을 변화시키기 위해 태어났다. 세상을 변화시키는 가장 좋은 방법은 자신의 지식과 경험(어떤 주제에 대한 것이든)을 이용해 다른 사람들이 성공하도록 돕는 것이다." 이 구절을 읽으며 무릎을 탁 쳤다. 내가 올바른 맞벌이를 통해 가정의 중심인 엄마가 바로 설 수 있도록 돕고, 그렇게 함으로써 한 가정이 행복하도록 돕는 것. 맞벌이하지 않고 아이를 보면서도 충분히 그 이상의 수익을 낼 수 있다는 가치를 증명하는 것. 이 모든 것이 바로 내 존재 이유이자 가치라는 생각에 가슴이 두근거렸다.

인사이트를 실행하는 리치맘으로!

　올바른 맞벌이 연구소는 이렇게 작은 계기로 시작되었다. 결심을 하고 내가 제일 먼저 한 일은 나와 결이 맞는 사람들을 찾는 것이었다. 지인은 한정적이고, 오프라인으로 누군가를 만나는 것 또한 쉽지 않았다. 코로나로 대규모 모임을 할 수도 없었다. 가장 좋은 방법은 인풋 대비 아웃풋이 좋다는 'SNS'였다. 당시 MKYU 열정 대학생이었던 내 인스타그램 피드는 MKYU 강의 과제와 아이 사진으로 도배되어 있었다. 그 계정에 하나의 피드를 올렸다. "단순한 과제 인증, 아기 사진 등으로 불분명했던 계정을 바꾸고자 합니다! 책에서 얻은 인사이트를 실행하는 리치맘으로!"

현재는 '바로세인'으로 닉네임을 변경했지만, 당시에는 '리치맘 세이닝'이라는 이름으로 첫 포문을 열었다. 그때까지만 해도 '올바른 맞벌이 연구소를 해야겠다'가 아닌 '엄마들을 위한 일을 해야겠다. 하지만 그러려면 우선 내 세계관을 좀 넓혀야겠다' 정도로만 생각했다. 그래서 가장 먼저 책을 읽은 후 내 생각, 현재 상황 등이 반영된 인사이트가 담긴 카드뉴스를 올리기 시작했다.

꾸준히 업로드한 내 피드는 날이 갈수록 발전해 갔고, 점점 팔로워가 늘어나서 900명에서 2달 만에 1,400여 명에 달성했다. 엄마브랜딩스쿨 커뮤니티 단톡방도 400명대로 늘었다. 팔로워 수가 전부가 아니었다. 팔로워들과 찐 소통을 하고 활동을 하면서 좋은 사람을 많이 만났고, 그들과의 소통으로 내 방향성 또한 점점 더 뾰족해지고 명확해졌다.

그저 평범한 엄마에서 책을 읽고 리뷰를 쓰며 좋은 인사이트를 나누는 엄마, 엄마의 성장을 돕는 엄마로 점점 성장해 갈 수 있었던 비결은 무엇이었을까? 실은 비결이랄 것도 없다. 그저 매일 책을 읽고 글을 쓰고 콘텐츠를 만들고, 찐 소통을 하면서 '나'에 대해 고민하고, 적용했던 것뿐이다. 성장해 나가는 내 모든 과정을 공유했을 뿐인데 응원해 주는 사람들이 생겼고, 나와 결이 맞는 사람들이 모이기 시작했다. 긍정 언어로 대화하는 좋은 사람들로 가득해졌다. 이제 나는 그냥 '맞벌이하는 엄마'가 아닌 엄마도 브랜드가 되어 '올바른 맞벌이를 돕는' 바로세인이다.

엄마들을 코칭 하면서 육아맘이든 워킹맘이든 마음만 먹으면 충분히 할 수 있다는 것을 알게 되었다. 종일 아이와 가정 보육을 하는 엄마도 아침 새벽 시간 또는, 아이 재운 후의 시간을 활용해서 자기 계발 시간을 갖는다.

이제 '아이 때문에, 아이가 있어서'라고 핑계를 대는 시기는 지났다고 생각한다. 내 시간은 내가 만들어야 한다. 내 인생의 주도권은 나에게 있기 때문이다. 그 부분을 늘 명심하며 시간을 보내고 생각한 것을 반드시 실행하며 성장하길 바란다. 나도 처음에는 시간 관리 플래너에 기록하기 시작했을 때 약간의 좌절감을 느꼈다. 아이를 보느라 나만의 시간이 정말 없을 줄 알았던 내 하루에 생각보다 충분한 시간이 있었고, 내가 그것을 잘 활용하지 못하고 있었다는 것을 깨달았기 때문이다. 그동안 한 번도 객관적으로 내 시간을 돌아본 적이 없었기에 막연하게 '난 시간이 없어', '자기 계발하는 엄마들은 다 한가한가 보지'라는 바보 같은 생각을 하고 있었던 것이다. 내 시간을 기록하는 습관을 들이고 매일 나를 피드백 해야 지금 내 상황을 더욱 객관적으로 볼 수 있다.

나 김세인은 이 자리에서 선언한다.

올바른 맞벌이 연구소 소장으로서, 엄마를 바로 세우는 '바로세인'으로서 내 도움이 필요한 곳에 기꺼이 함께하고, 더 많은 엄마가 자신의 인생을 찾을 수 있도록 도울 것이다. 엄마들의 '업'을 응원하며 그들의 브랜딩에 앞장설 것이다.

엄마들의 브랜딩 실행 멘토

김세인

1장 더 이상 엄마로만 살지 않기로 했다

2장 새벽 4시 30분, 기적이 일어난다

3장 '엄마'라는 브랜드로 사는 법 (실천 편)

chapter 1. 나의 꿈을 찾아라

chapter 2. 인스타그램으로 나를 브랜딩하는 법

5장 엄마도 브랜드다

나는 늘 실패하고
자책하던 엄마였다

'100일의 기적'이라는 말이 있다. 아이를 낳고 100일 정도 지나고 나면 조금씩 통잠도 자고, 게우는 것도 덜하고, 수유 간격도 규칙적으로 바뀐다는 엄마들만의 은어 같은 말이다. 우리 부부는 시험관으로 아이를 가졌다. 다행히 첫 시도에 성공했지만 그 기쁨도 잠시였다. 임신 초기 '절박유산'이라는 진단을 받았다. 자궁경부 길이가 짧아서 잘못하면 이대로 아이를 떠나보낼 수도 있다는 것이다. 힘들게 가진 아이를 잃을 수 있다는 말에 절망했지만 포기할수는 없었다. 2달 동안 입원하며 필요한 모든 주사, 치료를 받으며 버텼다. 여기저기 주삿바늘 자국에 링거를 꽂을 자리조차 없을 정도였다. 힘들었지만 '무조건 버티자, 36주만 버티자'라는 생각으로 매일 간절히 기도했다.

그렇게 간절한 마음으로 아이를 낳고 보니 육아는 정말 또 다른 시작이었다. 아이만 낳으면 끝나는 줄 알았다. 모든 것이 술술 흘러갈 것이라 생각했다. 나의 완벽한 착각이었다.

6개월 동안 100% 모유 수유를 했는데 젖이 돌 때는 갱년기 증상처럼 몸에서 열이 너무나 많이 났다. 몸이 더웠다, 추웠다를 반복하느라 잠을 자지 못하는 건 부지기수였고, 젖양이 많아 아이가 잠든 시간에도 일어나서 유축을 하고 잠들곤 했다. 그러나 다시 잠이 들려는 순간이면 아이는 꼭 그때 일어나 젖을 달라고 울었다. 호기롭게 외출했어도 3시간 후면 찌릿찌릿 젖이 돌아 집으로 올 수밖에 없었다. 더 많은 시간을 보내려면 휴대용 유축기로 유축하면 된다지만 밖에서 유축할 만한 수유실은 전무했다. 하려면 화장실에서 해야 했는데 굳이 그렇게까지 하며 외출 시간을 늘리고 싶지 않았다.

이 모든 상황이 엄마가 처음인 내가 겪는 것이라 하기엔 너무나 벅찼다. 육아서를 읽고 육아 관련 동영상을 보고 따라 해 봐도 그대로 적용되지 않았다. 그렇게 하루하루를 버티며 좌절도 했다가 다시 힘을 내서 일어서기를 반복했다. 하루에도 12번은 왔다 갔다 하는 감정변화에 따라가기도 벅찰 정도였다. '100일의 기적이 오지 않을까?'라는 기대를 하며 매일 버텨냈지만, 그 기적이란 것은 잡힐 듯 잡히지 않았다.

여느 때와 같이 새벽 수유를 하고 아이와 함께 신랑이 일어나기를 기다리고 있던 아침이었다. 아이가 조금씩 뒤집기를 하던 시기였다. 기저귀 갈이대 위에 눕히고 잠시 기저귀를 가지러 내 손이 향한 순간, '쿵'하는 소리가 들렸다. 1초도 안 되는 찰나였다. 뒤집기를 하던 아이가 1.2m가량 높이의 기저귀 갈이대에서 머리부터 떨어진 것이다. 바닥에 두꺼운 매트가 깔려있어 다행이었지만, 나는 아이를 안고 상태를 살피며 미친 듯이 울었다. 그리고 스스로를 자책했다.

'기저귀를 가지고 와서 갈았어야지, 이 멍청아'
'애를 잠깐이라도 눈에서 떼놓지 말아야지, 네가 엄마냐?'

자고 있던 남편을 울며불며 깨웠다. "나경이가 기저귀 갈이대에서 떨어졌어. 당장 응급실 가야 하지 않을까?" 참고로 우리 남편은 감정의 동요가 크지 않고 논리적이며, 냉정한 사람이다. 내 말을 듣고 빠르게 아이의 상태를 차분하게 살피던 남편은 역시나 크게 동요하지 않고 말했다. "맨바닥에 떨어진 거 아니니 우선 지켜보자. 지금부터 48시간 안에 혹시 토를 하거나 처지면 그땐 꼭 병원에 가자. 연락해 줘. 회사에 양해 구하고 올게." 나를 탓할 수도 있던 상황이었다. 엄마가 그거 하나 제대로 못 해서 애를 떨어지게 하냐고.

하지만 남편은 차분히 괜찮다고 다독였다. 다행히 아이의 상태도 괜찮아서 무사히 지나갈 수 있었다. 앞으론 꼭 조심해야겠다고 다짐했다.

육아 휴직 기간이 지나기 전, 아이가 10개월이 되었을 때 뭐라도 하고 싶다는 생각에 시작했던 것이 '보육교사 준비'였다. 당시에는 코로나가 극성일 때라 모든 교육이 온라인으로 가능했다. 이 부분은 오히려 다행이었다. 다만, 보육 실습 과목은 어린이집에서 실습해야만 했다. 실습하는 동안 아이는 다른 어린이집으로 등원을 시작했고, 다행히 새로운 환경에 잘 적응해 주었다.

한창 실습하던 어린이집에 수족구병이 돌았다. 혹시나 우리 아이에게 옮길까 싶어 집에 와서 입고 갔던 옷을 모두 벗고, 깨끗이 씻은 후에 안아줬는데 바로 다음 주, 아이의 입 안과 발에 수포가 올라왔다. '참 쉬운 게 없구나. 내가 조금이라도 아이와 잘살아 보고 싶어 뭔가를 하려는 건데, 아직 어린아이에게는 이것 또한 버거울 수 있겠구나'라는 생각이 들었다. 나 때문에 아픈 아이를 그저 볼 수밖에 없던 나는 또다시 자책하고 좌절했다. 입 안에 돋아나는 수포 때문에 4~5일은 밥도 잘 먹지 못한 나경이의 통통하던 볼살이 홀쭉해졌다. 내 욕심이 아이를 아프게 한 것 같아 너무 미안했다.

엄마가 처음인 나는 잘 해낼 수 있다는 희망에 부풀었었다. 요즘은 육아서도, 유튜브 영상들도 너무나 잘 되어 있으니 충분히 해낼 수 있을 거라고, 아이와 즐거운 육아를 하자고 다짐했었다. 하지만 현실은 이론과는 180도 달랐다. 육아서는 큰 틀 안에서의 기반만 제공할 뿐 아이마다 가진 기질이 다르기 때문에 내 아이를 잘 알아야만 '잘' 돌볼 수가 있다. 아이를 낳고 나니 아이의 모든 행동 하나하나에 내 레이더망이 작동했다. 아이가 또래보다 발달이 조금 늦는 것 같거나, 이상하게 밥을 조금만 먹거나 혹은 너무 많이 먹으면 폭풍 검색에 들어갔다. 혹시라도 뭔가 잘못되지는 않을까 노심초사했다. 뉴스에서 아이 관련 사건 사고가 뜨면 그 사고가 혹시라도 내게도 일어날까 걱정했다.

이런저런 모든 걱정거리는 나를 쪼그라든 풍선처럼 작아지게 했고, 어느 순간 작은 일 하나에도 소심해지고 자신을 책망하는 사람으로 변해버렸다. 내 일도 제대로 못 하고, 실패투성이에 육아까지 어려운 나는, 작디작은 못난 엄마에 불과했다.

아이를 잘 돌보는 것이 정답은 아니다

회사 다닐 때 내 하루는 살인적이었다. 아이를 키우며 일을 해야 했기에 회사에서 10시 출근-5시 퇴근으로 최대한 배려해 주었지만, 서울에서 용인까지 왕복 3시간이 걸렸기에 별반 다를 게 없었다. 10시까지 도착하려면 최소한 8시에는 집에서 나서야 했다.

아직 눈곱도 제대로 떼지 못하는 아이를 깨워 대충 아침을 먹이고 회사로 출발했다. 그러면 남편이 아이를 시댁에 데려다주고 출근했다. 시어머님은 우리 부부를 위해 아이의 어린이집 등·하원을 책임져 주셨다. 그렇게 일을 하고 집에 돌아오면 저녁 7시~7시 30분. 아직 어린아이라 아무리 많은 시간을 함께 보내려고 해도 오전 2시간, 저녁 2시간 총 4시간이 고작이었다. 고작 4시간이지만 내게는 '고작'이 아니었다. 짧더라도 아이와 눈을 마주치고 이야기를 나눈다면 충분히 애착 관계 형성에 도움이 된다고 확신했다.

아이와 종일 함께 있다고 아이를 잘 돌보는 것은 아니다. 몸은 아이와 같은 공간에 있지만, 집 정리, 청소, 빨래, 세끼 식사 준비, 간식 준비 등을 빼고 나면 실제로 아이와 눈을 마주치는 시간은 더 적다. 게다가 4시간 중 먹이고, 재우고, 씻기는 필수불가결한 그 시간도 제외하면 퀄리티 타임(퇴근 후 아이 혹은 가족과 함께 보내는 귀중한 시간)은 2시간도 채 되지 않았다.

나는 그 2시간을 오롯이 아이에게 집중했다. 아침에 일어나서 어린이집에 보내기 전까지, 퇴근 후 집에 와서 잠자리에 들기 전까지 2시간을 아이에게 최대한 집중했다. 그때는 아무리 궁금해도 아이 앞에서 핸드폰을 들지 않았다. 친정이나 시댁 부모님과 영상통화할 때를 제외하고 핸드폰은 저 멀리 치워둔다. 아이와 눈을 마주치고 아침 식사를 하고, 등원 준비를 모두 마친 후 시간이 되면 아이와 책을 읽는다. 퇴근 후 집에 와서는 식사 후 아이의 몸을 만져주고 마사지를 해주며 대화한다. 어린이집에서 무슨 일이 있었는지 묻기도 하고 책도 읽고, 꼭 끌어안고 사랑한다고 말해준다. 아이는 까르르 웃으며 즐거워한다. 오롯이 그 시간을 누린다.

이런 내 마음이 통했을까? 아이는 구김 없이 밝게 잘 자랐다. 시간의 양은 중요하지 않다. 그 시간을 어떻게 보냈느냐가 중요하다.

단 10분을 놀더라도 오롯이 아이에게 집중하고 아이의 이야기에 귀를 기울여야 한다. 한 손에는 핸드폰을 들고 눈은 그쪽을 바라보며 아이와 이야기한다고 해서 아이의 마음이 채워지는 게 아니다. 물론 나 또한 아이의 행동 하나하나에 반응하며 전전긍긍했다. 매일 자기 검열하며 죄책감에 허우덕 대지 않으려고 노력했다. 자꾸만 작아지는 마음을 다잡고, 책을 읽고 산책하며 멘탈을 끌어올리려 했다. 그렇게 노력했기에 나를 잃지 않을 수 있었다.

혹시 지금 아이와의 시간이 적은 것에 죄책감이 있다면 그 마음을 잠시만 내려놓자. 아이는 그런 엄마의 마음을 알지 못한다. 엄마가 죄책감에 빠지면 아이에게 집중하지 못하고, 오히려 아이와 좋은 시간을 보내는 데 방해가 될 수 있다. 엄마의 상황에 맞는 '아이와의 퀄리티 타임'을 갖자. 그 시간이 30분이든, 1시간이든 상관없다. 이때 주의할 것이 있다. 핸드폰은 던져둘 것. 궁금해도 절대 보지 말고 온전히 정말 '온전히' 아이를 돌보길 간절히 바란다. 아이와 눈맞춤을 하고, 아이의 생각을 읽으려고 노력하자. 그것만으로 아이는 단단한 사람으로 자랄 것이다. 엄마에게 아이를 잘 돌보는 것만이 정답은 아니다. 그 시간을 어떻게 '온전히' 아이에게 집중하느냐에 달렸다는 것을 잊지 말자.

엄마의 퀄리티 타임 체크리스트

□ 한 손에는 핸드폰을 보면서 아이와 대화를 나눈 적이 있는가?

□ 아이의 대답이 이해되지 않으면 나도 모르게 "뭐라고 하는 거야? 이해가 안 돼!"라며 소리 지른 적이 있는가?

□ 하루에 아이에게 미디어를 얼마나 노출하는가?

□ 아이와의 퀄리티 타임은 얼마나 보내고 있는가?

□ 아이에게 되고 싶은 엄마의 모습은 무엇인가?

• 5개 중 3개 이상 해당한다면, 나의 하루를 객관적으로 돌아보자.

독박 육아 속 나를 찾았다

아이를 출산하면 그저 행복하기만 할 줄 알았다. 독박 육아 시기가 오기 전까지 말이다. 건축 관련 일을 하는 남편은 아무래도 업무상 남자 직원이 많다 보니 직장 내 육아 휴직이 유연하지 못했다. 그러다 보니 그에게 육아 휴직을 기대하는 것은 어려웠다. 육아 휴직은커녕 잠깐의 휴가도 받기 어려워 출산 후 3~4일 정도만 함께 아이를 보고 바로 출근해야 했다.

남편은 집에 있는 시간에는 최대한 함께 육아에 참여했지만, 출근 후부터는 독박 육아였다. 월초, 월말이 되면 늦은 시간까지 야근이 빈번했고, 아이가 잠든 후에야 들어왔다. 심지어 모유 수유를 하던 6개월 동안은 아기를 데리고 마트에 가거나 필요한 물품을 사는 등 외출조차 쉽지 않았다. 3시간 간격으로 젖은 불어나서 가슴이 찌릿하게 아파 왔고, 아기는 얼른 젖을 달라고 보채서 더 힘들었다.

모든 것이 여유롭지 않고 쉽지 않았던 그 시간, 나는 그 시간을 활용하기로 했다. 이렇게 시간을 보내면 다시 회사에 복귀했을 때 적응하기 힘들 것 같았다. 그래서 생각해 낸 것이 '아이의 시간에 맞추어 내 시간을 활용하자!'였다.

그때부터 나는 아기가 잘 때 같이 자지 않고 집 앞에 잠시 산책을 나갔다. 한번 잠들면 2~3시간은 풀로 자고, 아직 뒤집기를 못하는 아기였기에 가능했다. 핸드폰에 연결된 홈캠을 확인하며 잠깐의 짬을 이용해 집을 나섰다. 잠깐이지만 신선한 공기를 마시며 기분 전환을 했다. 낮에 나가지 못한 날에는 신랑에게 쓰레기를 버리러 나간다는 핑계를 대며 바람을 쐬기도 했다. 어떤 날은 책을 읽다가 너무 피곤해서 대자로 뻗어 기절하기도 했다.

그 시간이 있었기에 쉽지 않았던 독박 육아를 버텨낼 수 있었다. 아이도 모든 것이 처음이지만 엄마도 엄마가 처음이다. 모든 게 낯설고 두렵고, 이게 맞는지, 혹시라도 잘못하고 있지는 않은지 불안하고 걱정된다. 그 와중에 우울증까지 겹치면 최악이다. 그 모든 시간이 지난 지금, 엄마들에게 이렇게 말해주고 싶다. 정말 쉽지 않고 다 놓아버리고 싶더라도 완전히 자신을 포기하지는 말라고. 지금 당장은 힘들지만 그 시간은 곧 지나가고, 아기를 온전히 보는 그 시간 또한 나에게도 아기에게도 꼭 필요하다고.

내가 만약 육아를 핑계로 모든 걸 놓고 신랑만 의지했다면 어땠을까? 이제나저제나 언제 퇴근하나 기다리기만 했다면 어땠을까? 어쩌면 각박한 현실의 벽에 부딪혀 괜히 회사를 그만뒀다며 매일 투덜거렸을지도 모른다. 그러면서 육아와 일을 동시에 하는 건 힘든 일이라며, 어쩔 수 없었다며 합리화했을지도 모른다. 그렇게 도전은 저 너머로 사라지고 현실에 찌들어 진짜 평범한 '아줌마'가 됐을 것이다.

육아에 지쳐 그냥저냥 시간을 보내지 않고 유일하게 나만의 시간인 30분에서 1시간. 그사이에 나는 오롯이 내 몸과 마음의 소리를 들었다. 때론 멍 때리기도 하고, 때론 책을 읽으며 마음의 양식을 쌓기도 하고, 때론 걷기 운동을 했다. 누군가는 '겨우 그거 했다고?'라며 비웃을지도 모른다. 나 또한 그 시간이 그렇게 소중한 줄 몰랐다. 지나고 보니 그 시간이 있어 지금의 나를 만들 수 있었다.

1분, 2분은 사소하다. 잠시 TV 채널만 돌려도, 유튜브 몇 개만 뒤져봐도 금세 지나가는 시간이다. 그 사소한 시간이 모이면 큰 시간이 된다. 나를 만드는 시간이 되고 습관이 된다. 매일 고군분투하며 어떻게든 만들어 낸 나만의 시간. 아기를 재우고 지쳐 잠들기 전

온전히 나에게 집중하는 그 30분, 1시간이 있어 스스로 일어날 수 있었다. 그것이 계속해서 성장해 나가는 힘을 얻을 수 있게 했다.

다시 돌아가도 그렇게 할 거냐고 묻는다면, 망설임 없이 '당연히' 그렇게 해낼 거라고 대답하고 싶다. 아니, 그 이상으로 나를 위한 시간을 갖겠다고 대답하고 싶다. 가정의 전반적인 것을 책임지는 우리 엄마들은 반드시 자신을 위한 시간이 있어야만 성장하고 또 자신을 복기할 수 있다. 이 책을 읽고 있는 엄마들도 나만을 위한 시간으로 현재 무엇을 하고 있는지, 그것이 나의 성장을 돕는 일인지를 생각해 보자.

혹시 의미 없이 TV를 켜고 넷플릭스만 정주행하고 있지는 않은가? 이리저리 채널을 돌리며 시간 때우기만 하고 있지는 않은가? 나를 조금 더 객관적으로 보고 개선할 점이 있다면, 개선하려는 노력을 통해 나를 찾는 시간을 반드시 갖길 바란다. 그래야 독박 육아 속에서도 나를 찾을 수 있다.

나를 찾기 위한 질문 7가지

엄마이기 전에 '나'로서 하고 싶은 것은?

내 일을 할 수 있다면 돕고 싶은 사람은 누구인가?

돈을 받지 못하더라도 기꺼이 할 수 있는 것은 무엇인가?

나는 무엇을 할 때 행복한가?

....

....

....

내 행복의 가치는 얼마인가?

ex) 스타벅스 커피 1잔, 케이크 1조각: 13,500원, 사람들과의 모임, 식사 자리: 20,000원

....

....

....

5년 후 어떤 모습으로 살고 싶은가?

....

....

....

현재 내 하루의 빈틈, 틈새 시간을 파악해 보자

(217~218p의 일과표를 참고하여 아래 타임테이블에 활용해 보세요!)

목표, 확언 작성(빈칸 노트)						
TIME	월	화	수	목	금	토

엄마가 되는 게 꿈은 아니야

"엄마는 엄마이기도 하지만, 한 명의 사람이기도 하단다. 어른들에게는 가끔 혼자만의 시간이 필요해. 엄마는 엄마 자신을 사랑하기 때문에 엄마하고도 놀아주고 싶으니까 지금은 혼자 놀아주면 정말 고맙겠어. 엄마가 엄마랑 잘 놀아주어야 너희하고도 잘 놀아줄 수 있을 것 같아. 엄마도 일하고 엄마의 삶도 살고 싶단다." 책 《엄마가 아닌 시간이 나를 만든다》(강소영 지음, 시즌비, 2023)에 나오는 구절 중 한 부분이다. 정말 내 마음을 꿰뚫는 부분이라 형광펜으로 줄을 긋고 몇 번을 읽어보았다.

모든 엄마는 엄마이기도 하지만, 여자이기도 하고, 꿈이 있는 한 명의 사람이기도 하다. '엄마'라는 존재는 단어만으로도 가슴이 웅장해지고 뭉클해진다. 모두가 비슷할 것이다. 이토록 아름다운 존재를 '엄마'라는 단어 하나로만 정의하기에는 뭔가 억울하다. 엄마도 충분히 그 이상의 무엇을 가진 사람이라는 것을 보여주고 싶다. 누구 엄마가 아닌 '기획자 홍길동', '브랜드 컨설턴트 홍길동', '작가 홍길동', 'PD 홍길동', '1인 기업 홍길동' 등 자신만의 브랜드를 만들 수 있다. 육아와 자신의 삶을 모두 적극적으로 영위하는 멋진 사람이 바로 '엄마'이기에 엄마라는 브랜드를 제대로 만들어 주고 싶다.

엄마가 되기 전, 아니 결혼을 하기 전부터 스스로 다짐한 것이 있었다. '결혼한다고 해서 나의 삶을 포기하지 않을 거야!' 그러기 위해서는 내 생각을 받아들여 줄 수 있는 사람을 만나야 했다. 전 남친이었던 현 남편에게 아이를 가지더라도 내 일을 하고 싶다고 말했고, 그는 나를 지지해 주었다. 충분히 그렇게 될 수 있도록 돕겠다고. 엄마로서의 삶도 중요하겠지만 '김세인'이라는 한 여성으로 사는 삶도 존중한다는 답을 듣고, 이 사람이면 남은 인생을 함께해 나가도 괜찮겠다고 생각했다.

아이를 낳고 10개월쯤 지나 남편에게 다시 물었다. "나 이제 조금씩 나로 살아도 될까?" 남편은 처음엔 무슨 말인지 이해하지 못해 되물었다. "나경 엄마 말고 김세인으로서 조금씩 살아도 될까?" 그때야 이해했다는 듯이 말했다. "아이에게 나쁜 영향이 가지 않는다면 그렇게 해도 괜찮아." 그렇게 아이가 10개월이 다 되어갈 즈음,

본격적인 나의 자기 계발이 시작되었다. 모유 수유와 잠자는 텀이 서서히 일정해진 덕에 조금씩 새벽 기상도 욕심을 낼 수 있었다.

  당시 엄마들을 위한 일을 하고 싶다는 마음은 전혀 없었다. 그저 아이에게 모든 것을 다 주고 맞춰주던 '나경이 엄마'에서 '김세인' 이라는 사람을 되찾고 싶을 뿐이었다. 스스로 되물었다. "그래, 난 엄마가 되기 위해서만 결혼을 하고 아이를 낳은 사람은 아니었지?" 무언가를 찾고 또 그것이 나에게 맞는지 사색하는 시간을 통해 조금 더 성장해 나가고 싶었던 그 시절. 그 시기가 있었기에 내가 진짜 하고 싶었던 걸 찾을 수 있었다. 바로 '엄마들의 브랜딩 실행을 돕는 멘토'로 말이다.
  아이를 두고 자기 계발 해도 되냐는 엄마들의 물음에 이렇게 대답하고 싶다. "아이에게 절대적으로 엄마가 필요한 시간이 지나고 나면 조금씩 시작해 봐도 괜찮다. 내가 나를 위한 시간을 가지기 위해 노력해 온 것처럼 조금은 욕심을 부려도 괜찮다." 내가 말하는 절대적으로 엄마가 필요한 시간은 아이마다 많이 다를 수 있다. 보통 평균적으로 아이가 약 10~12개월 정도라면 이때부터 분리 수면이 가능하다. 서서히 수면 교육을 시행하면 좋다. 물론 이론적으로는 6개월만 지나도 가능하다. 나는 좀 더 아이를 바로 옆에서 케어하기 위해 돌이 다 되어갈 즈음에 진행했고 완전히 자리 잡을 수 있었다.

이 또한 각 가정의 육아관에 따라 조금씩 다를 것이다. 확실한 것은 아이와 같은 침대에서 자는 것이 엄마와 아이에게 모두 좋은 건 아니라는 사실이다. 나 또한 수면 교육을 통해 명확히 알고 그대로 시행해서 해낼 수 있었다. 아이와 잠자리에서 같이 뒹굴거리면서 얘기도 하고 눈 맞춤도 하고, 책도 읽는 시간을 보냈다. 굿나잇 인사를 하고 아이 방에서 나가면 스스로 잘 수 있도록 교육했다. 이때 위험 상황 방지를 위한 홈캠을 설치하면 좋다.

아이는 생각보다 훨씬 잘한다. 어리다고 못하는 게 아니라, 습관이 되지 않아서 못 하는 것이다. 아이 기질과 상황에 따라 교육한다면 충분히 가능할 것이다. 수면 습관이 자리 잡히면 나만의 시간을 가질 수 있다. 그게 새벽이 될 수도 있고, 밤이 될 수도 있다. 내가 집중할 수 있는 최적의 시간을 찾아보자. 그리고 그 시간에 무엇을 할 것인지 생각해 보자.

꼭 거창한 무언가를 하지 않아도 좋다. 엄마가 아닌, 오롯이 '나'로서 존재하는 시간을 가지는 것이다. 그렇게 조금씩 하다 보면 분명 내가 가장 잘하는 것, 하고 싶은 것을 발견할 수 있다. 그게 무엇이든 엄마로서의, ○○○ 이름 세 글자의 당신의 꿈을 응원한다.

퇴직하면 경단녀 되는 거 아니야?

친정엄마는 퇴직하겠다는 내게 "퇴직하면 경단녀 되는 거 아니야?"라고 물었다. 연봉 5,000만 원의 전문 직장을 갑자기 그만둔다는 내가 이해되지 않는다고 덧붙였다. 그만두면 지금까지 쌓은 커리어가 사라질 텐데 혹시라도 잘못된 선택으로 일을 그르칠까 걱정되셨던 거다. 친한 친구들도 내 얘기에 걱정하며 자꾸만 괜찮은지 되물었다. 다시 일해야 하는 건 아닌지 말이다. 일을 그만둘 당시, 명확한 목적이 없었기에 아마 더 걱정했을 것이다. 그저 일하기 싫어서 도망치듯 그만두는 것으로 보였을지도 모르겠다. 주변의 걱정과 만류에도 확신이 있었다. 내가 뭘 하든 꼭 돈을 벌고 누군가에게 가치를 줄 수 있을 거라는 확신 말이다.

육아 휴직을 마치고 복직하면서 제대로 된 맞벌이를 하게 되었을 때가 아직도 생생히 기억난다. 그때의 나는 몸은 회사에 있었지만, 마음은 아이가 있는 집 혹은 어린이집에 있었다. 어머님이 봐주시던 시간에는 괜히 더 죄송스러웠고, 어린이집에 있을 시간에는 갑작스레 어디 아프지는 않을까 걱정되어 일이 손에 잡히지 않았다. 앞서 말했듯 퇴사의 결정적인 이유는 아이의 폐렴이었다. 아이들은 다 아프면서 크는 거라지만, 육아와 직장을 병행하는 하루하루가 버겁고 힘들었던 내게 아이의 폐렴은 넘어야 할 큰 산처럼 느껴졌다.

입원해야 할 것 같다는 의사 소견을 듣고 급히 시댁으로 향했다. 소아과나 일반 병원은 문을 닫았을 시간이라 대학병원 응급실을 찾았다. 다행히 아이의 증세는 입원할 정도는 아니었다. 모든 짐을 싸서 갔던 나는 안도의 한숨을 쉬었다. 그러나 마음속 한편에는 '지금은 이렇게 넘어가지만 나중에 또 이런 일이 생기면 어떻게 하지?'라는 생각이 들었다. 그때마다 회사에 양해를 구하고 나와야 하는 내 상황에 한숨이 나왔다. 프로젝트로 움직이는 일이기에 내가 빠지면 팀 자체가 돌아가지 않아 쉽지 않았다. 내 상황이 어떻든 내가 자리를 비우면 누군가는 나 대신 그 일을 할 텐데 내가 과연 그걸 감당해 낼 수 있을까. 버거운 현실이 나를 짓눌렀다. 숨이 턱 막혔다. 아이의 폐렴 증상이 거의 다 없어질 때쯤, 나는 마음을 굳게 먹었다. '출근하지 않고도 내 일을 하는 사람이 되자!'

가끔 이런 질문을 하는 사람들이 있다. 그래도 힘들게 버텨낸 회사 경력이고 일인데 일을 그만둔 게 후회되지 않느냐고. 그때마다 말한다. 지금이 너무 행복하다고. 엄마 실행 멘토로서 많은 엄마의 이야기를 듣고 공감하며 조언하는 이 모든 일이 너무 즐겁고 행복하다. 회사를 그만둔다고 해서 전시기획과 프로젝트 기획 경력이 사라지는 것은 아니다. 그 경험을 살려 내 사업을 기획할 수 있다. 오히려 그때의 경력에 살이 붙어 더 크게 성장할 수 있는 것이다.

아직 어떤 주제로 해야 할지 감이 오지 않는다면, 잘 다룰 수 있는 디지털 툴로 강사를 시작해 보는 것도 하나의 방법이다. 새로운 툴을 익히고 가르쳐 주는 것을 좋아하던 나를 지켜봐 온 '커리어잇다'의 대표 정이레 선생님의 제안으로 신중장년분들을 위해 오프라인 강의를 시작하고, 실전 노하우를 알려주는 강사 데뷔 멘토로서 성장하게 되었다. 누군가를 가르치는 것이 쉬운 일은 아니지만 그 이상으로 재미있고 보람이 가득한 일이다.

당장 회사에 다니는 만큼의 월급을 벌지 못하더라도 괜찮다. 기버giver의 마인드로 내가 가치를 주는 만큼 그 가치는 더 많은 사람에게 선한 영향력을 주어 더 좋은 사람들을 만나고, 다시 돌아올 것이라고 확신한다. 오늘도 '앞으로 얼마나 더 좋은 인연들이 내 앞에 나타날까?'하는 기대감에 설렌다.

나는 가진 것 없이 과감하게 퇴사했다

2022년 11월 25일 나는 가진 것 없이 과감하게 퇴사했다. 퇴사한 날, 나는 지금 내가 가지고 있는 게 무엇인지 메모지에 적어 내려갔다. 내가 뭘 잘하는지, 뭘 하고 싶은지, 지금 내가 가진 것 하나하나 쓰다 보니 '내가 이렇게까지 별 볼 일 없었나?'라는 생각이 들었다.

> 34세 여성, 딸아이 하나 키우고 신랑 외벌이 예정, 인스타그램 팔로워 800명 남짓.
> 하고 싶은 것? 명확하지 않음. 그저 집에서 아이를 돌보며 일할 수 있는 지식창업 하고 싶음. 지급될 퇴직금 약 800만 원.

어쩌면 지금 이 글을 읽는 독자들도 이런 생각을 할지 모르겠다.

"참 대책 없다. 어떻게 하려고 아무것도 되어 있지 않은 상황에 일을 그만두는 거지? 퇴직금 800만 원이면 아이 키우면서 6개월이면 없어질 텐데. 무슨 생각이지?" 그 당시 나는 블로그를 타깃으로 하고 있었다. 체험단을 지원해서 지원 비용을 받고 하는 것이 아닌, 내가 체험단을 꾸리고 모집해서 창업할 수 있는 방법을 알아보고 있었다. 그렇다고 이 사업을 평생 할 생각은 없었다. 이것저것 다양한 것을 경험하고 싶었다. 분명 돈이 되는 방법이 있는데 그걸 찾기 위한 절대적인 경험이 필요했다. 그리 급하지 않았다. 당장 돈을 벌어야 할 상황이 아니었고, 그때까지 충분한 경험을 해서 진짜 하고 싶은 것을 찾고 싶었다.

퇴사 전 나는 꽤 많은 책을 읽었다. 유명하다는 자기 계발서와 경제경영서를 탐독하면서 생각이 많이 바뀌었다. '내가 할 수 있을까?'에서 '무슨 일이든 난 다 할 수 있어. 못해도 괜찮아. 그 자체만으로 성장하는 거야!'라는 생각으로. 책은 내 사고를 완전히 바꾸었다. 일을 그만두면 큰일 날 것 같았고, '월급을 못 받으면 당장 생활을 어떻게 하나?'라는 생각에 두려웠던 내가 '당장은 돈 없어도 괜찮아, 다른 일을 해도 충분히 해낼 수 있어. 돈이 없으면 벌면 되지!'라는 자기 확신이 강해졌다. 그랬기에 가진 것 없이 과감하게 퇴사할 수 있었다.

일을 그만두고 가장 먼저 한 일은 '노력하는 내 모습'을 있는 그대로 보여주는 것이었다. 인스타그램에 새벽 기상을 3개월 이상 해내는 모습, 러닝을 5개월 가까이 포기하지 않고 하는 모습, 매일 책을 읽으려 하는 노력 등 내가 하나하나 만들어 가는 과정을 모두 콘텐츠로 만들어 공유했다. 그 모습에 동질감을 느꼈을까? 하나, 둘 팔로워들이 늘어나면서 3개월 만에 1,700명이 되었다. 그리고 현재 3,000명이 넘었다.

처음엔 걱정하던 우리 남편도 내 꾸준한 모습에 반했다며 멋있다고 엄지 척을 해 주었다. 지금은 누구보다 나를 응원하며 집안일을 함께 분담하고 있다. 만약 내가 무섭다고 망설이거나 퇴사하지 않았더라면 지금도 회사에 다니며 육아하느라 고군분투하고 있었을 것이다. 그때의 선택을 한 나를 셀프 칭찬한다. 물론 온라인 지식사업 또한 쉽지 않은 일이며 많은 노력이 필요하다. 내가 가진 것 없이 퇴사했다고 해서 다른 엄마들의 퇴사를 조장하고 싶은 마음은 단 1도 없다. 선택은 본인의 몫이다. 다만 이 이야기는 반드시 전하고 싶다.

"지금 힘들고 불행하다면 잠시 멈추어 서서 나를 돌아보세요. 내가 뭘 잘하는지, 무엇을 하고 싶은지 내 이야기에 귀 기울여보세요. 분명 하고 싶은 것이 있을 거예요. 잘 모르겠다면 주변에서 내게 요청한것이 무엇인지 더듬어 보세요. '넌 이거 하나만큼은 정말 잘해!'라는 게 하나쯤은 꼭 있을 겁니다. 그걸 찾으세요. 나만의 것을 찾아 조금씩 해보세요. 지금의 선택과 시간이 쌓이면 누구도 무시할 수 없는 나만의 스토리가 완성됩니다. 그 스토리의 힘을, 나 자신을 믿으세요."

바로세인의 인생을 바꾼 책 다섯 권

1) 《내 인생 5년 후》, 하우석 저, 다온북스, 2023
   → 앞으로의 인생을 어떻게 살아야 할지 모르겠다면 반드시 읽어봐야 할 책

2) 《실행이 답이다》, 이민규 저, 더난출판사, 2019
   → "실행이 중요한 건 알지만 도대체 어디서부터 해야 할지 모르겠다!" 하는 분들에게 반드시 필요한 책

3) 《육일약국 갑시다》, 김성오 저, 21세기북스, 2021
   → 사업을 하는 데에 있어 꼭 필요한 마음가짐, 고객을 대하는 태도에 대해 상세하게 나와 있는 책, 내 고객이 없다면 사업은 망하는 지름길이!

4) 《럭키 드로우》, 드로우앤드류 저, 다산북스, 2022
   → 감명 깊게 읽은 '이키가이'의 개념, MZ 세대의 당찬 마인드셋을 읽기만 해도 가슴이 두근거릴 책

5) 《어른 공부》, 양순자 저/박용인 그림, 가디언, 2022
   → 교도소 강연을 통해 깨닫게 된 인생의 참 진리를 정리해 둔 책, 안타깝게도 작가님은 돌아가셨지만 나눠주신 인사이트가 모두 소중한 책

아이에게 바라는 모습으로
살기로 했다

　자신을 진심으로 사랑할 줄 알며, 다른 사람을 배려하는 것에 인색하지 않은 사람. 내가 잘하고 좋아하는 것을 적극적으로 찾아 나서고 그것을 해 나가며, 힘들고 포기하고 싶은 순간들을 기꺼이 감당하고 성장하는 멋진 사람. 내가 바라는 우리 아이의 모습이다. 아이를 낳고 하루하루 아이를 사랑으로 키우면서 생각해 본 적이 있다. 몇 달 동안 생각해서 내린 결론은 하나였다. '무엇이든 스스로 찾고, 노력하고 그것을 멋지게 이루어 내는 사람' 아무것도 하지 않아도 된다. 그 결과도 오롯이 자신이 짊어지면 된다. 스스로 선택하고 결과까지도 기꺼이 감당할 줄 아는, 그런 사람이었으면 한다.

　우연히 TV에서 육아 관련 프로그램을 보고 있었다. 아이가 어떤 어른으로 성장하길 원하냐는 전문가의 질문에 상담자가 쉽게 대답하지 못했다. 잠시 기다리던 전문가는 말했다. "아이에게 바라는 모습을 기꺼이 아이에게 보여주세요. 그 모습을 당연히 보고 자란 아이는 부모의 모습을 닮게 됩니다." 아이를 낳기 전에는 와 닿지 않던 프로그램이었는데, 한 아이의 엄마가 되고 나니 왜 그런 질문을 했었는지 많이 생각해 보게 되었다. 그래서 나 나름의 방향성을 잡은 것이다.

나는 아직도 성숙한 어른은 아니다. 누군가 화나는 언행 혹은 지적을 하면 평온한 강물에 돌멩이를 맞은 것처럼 벌컥 화를 내기도 하고, 사소한 칭찬 한마디에 행복해하는 사람이다. 하지만 엄마들을 돕는 메신저, 멘토로서의 삶을 살겠다고 다짐한 후부터 나를 조금 더 객관적으로 보려 노력했다. 화나는 감정이 불쑥 튀어나올 때는 스스로에게 질문한다.

"세인아, 지금 이 감정이 왜 나오는 것 같니?"

그러면 인상을 쓰려다가도 답한다. "나를 배려하지 않는 저 사람의 말투, 태도가 화가 나서 그런 거 같아. 아직 난 이런 감정 전달에 미숙해." 처음에는 나의 감정을 스스로 인정하고 바라보는 것이 너무나 힘들었다. 하지만 계속 스스로와 대화하려 하고, 연습하니 내 감정을 조절하는 것에 조금씩 익숙해졌다. 미숙하다는 것을 인정하고 반성하니, 다음에 똑같이 기분이 나쁠 때도 조금은 스스로를 보는 눈이 생겼다. 내가 진심으로 좋아하고 보람을 느끼는 일을 하게 되니, 하기 싫고 힘든 일도 기꺼이 해내게 된다. 회사에 다닐 때는 그토록 하기 싫던 발표 자료 준비였는데 이제는 나눔을 위해 기쁜 마음으로 정리하고 준비한다.

이전에는 일어나기 싫어 겨우 눈을 떴다면 지금은 알람이 울리면 눈을 번쩍 뜨고 바로 일어난다. 지금 일어나지 않으면 일이 밀려버리기에 졸린 눈을 비비고 일어나는 것이다. 회사 업무가 아닌 주식회사 '나 회사'의 사장이기에 스스로 해내야 한다. 누구도 대신해 주지 않는다. 그렇기에 하기 싫고 힘든 일이어도 '기꺼이' 할 수 있는 힘이 생긴다. 내가 이렇게 함으로써 좋은 사람들을 만나고, 지치지 않고 계속 성장해 나가는 원동력이 된다.

나는 내 아이에게 바라는 모습 그대로 살고 있다. 아니, 그렇게 살기 위해 노력하고 있다. 매일 매 순간 늘 가슴에 새기며 조금이라도 흐트러지면 다시 바로 세운다. 내가 아이에게 바라는 것을 내 삶으로 스스로 증명해 낼 때 아이는 자연히 그렇게 성장한다. 강요하지도, 가르치지 않아도 된다. 삶으로, 말로, 태도로, 행동으로 보여주는 것이다. 아이에게 세세한 것 하나하나 알려주는 것에 집중하기 전에 '본질'에 집중하자. "내 아이가 어떤 어른으로 성장하기를 바라는가?" 이 질문을 앞에 두고 손으로 직접 적어보자. 생각한 것을 적으면 결국 '내가 되고 싶은 어른이자, 아이에게 보여줄 내 모습'이 된다. 결국 삶의 모든 것은 '본질'로 시작되며 귀결된다. 미루지 말고 지금, 질문에 답을 적어보자.

"내 아이가 어떤 어른이 되기를 바라나요?"

08

'나경 엄마'에서 '엄마들의 올바른 맞벌이를 돕는 엄마'가 되었다

나의 지난 이야기를 하지 않을 수 없을 것 같다. 마음은 아프지만 내가 지금 이 일을 하는 근원적인 이유이니까. 내 키는 168cm이다. 초등학교 5학년 때부터의 키이며, 당시 발육 상태도 꽤 좋았다. 지금이야 큰 키에 만족하지만 그 당시 너무 큰 키 때문에 맨 뒷자리는 늘 내 차지였고, 키가 작은 남자아이들은 나를 놀리기 일쑤였다. 나는 나처럼 키가 큰 여자아이들과 자연스레 어울리기 시작했다.

여느 때와 다름없던 날, 함께 어울리던 무리의 한 아이가 나에게 자신이 먹은 과자 봉지를 버려달라고 했다. 나는 대수롭지 않게 대답했다. "네가 먹은 건데 왜 내가 치워? 네가 치워." 이 대답을 시작으로 나는 갑작스럽게 왕따가 되었다. 나와 친하게 지내던 다른 친구들도 그 무리 아이들이 수군거리면 나와 말을 섞으려 하지 않았다. 아마도 나와 친하게 지내지 말라고 말했으리라. 그뿐인가. 남자애들은 내가 지나가면 머리를 잡아당겼고, 발을 밟는 것은 부지기수였다. 화장실에 내가 있는 걸 알면서도 들으라는듯 앞담화를 했고, 내 신발주머니는 툭 하면 사라졌다.

내 하루하루는 평범한 일상에서 지옥으로 갑작스럽게 변해버렸다. 엉엉 울면서 엄마에게 그 고민을 털어놓았다. 엄마는 잠시 나를 다독이더니, 그 친구와 어떻게 싸울 수 있을지를 알려주었다. 어떻게 다가가서 싸움을 걸지, 어떤 환경에서 할지, 싸움 날짜를 정해놓고 우리는 매일 연습했다. 드디어 싸우기로 계획한 그날 엄마는 내게 이런 말을 했다. "오늘 그 친구와 싸우지 않고 오면 엄마 죽을 거야, 세인아." 초등학교 5학년. 아직 어린 내게 엄마의 말은 너무나 냉정하고 무서웠다. 실은 싸우는 게 무섭고 두려웠다. 엄마도 알았던 것일까? 혹시라도 내가 도망갈까 봐 강경하게 말할 수밖에 없었던 엄마의 마음은 어땠을까? 겁이 나서 학교가기 전 집 앞 계단에서 한바탕 울고 나서 털고 일어났다. 어린 마음에 내 두려움보다 엄마가 죽는 게 더 싫었기에 용기를 냈다.

등교하자마자 주동자와 가장 친한 '오른팔'을 불러냈다. 전교생이 내려다보는 운동장 한복판에서 우리는 피 터지게 싸웠다. 머리끄덩이를 잡고 발도 밟으며 이판사판으로 치고받고 싸웠다. 그리고 내가 이겼다. 엄마는 바로 그 무리의 엄마들을 소집했다. 학교에서 한바탕 난리를 피웠으니 수습이 필요했다. 엄마는 엄마들에게 아이 하나를 이렇게까지 망가지게 할 수 있냐고 화를 냈다. 그 무리가 먼저 잘못을 했기에 서로 사과하고 화해하면서 일단락될 수 있었다. 그날 이후 날 얕보던 다른 친구들의 시선이 모두 바뀌게 되었다. 아직도 내 기억에 남을 정도로 상처이지만 엄마의 정확하고 신속한 대처 덕분에 난 이렇게 성장할 수 있었다. 그때 다짐했다. "나도 나중에 한 아이의 엄마가 된다면 우리 엄마처럼 강인하고 멋지게 끌어주는 엄마가 되어야지."

　한 아이의 엄마가 되면 나의 모든 세상이 바뀌는 것을 경험하게 된다. 엄마가 된다는 것은 위대한 일이다. 엄마가 되고 비로소 왜 '한 아이를 키우려면 온 마을이 필요'한지를 이해하게 된다. 내가 가진 세상의 모든 우선순위가 뒤엉키고, 나 혼자만 생각하면 됐던 생각의 고리가 여러 관계들로 뒤얽혀 복잡해진다. 지금까지는 내가 우선순위였다면 이제는 '내 아이'가 우선순위가 된다. 아이가 살아가는 세상이 바르고 아름다웠으면 좋겠고, 다치지 않았으면 한다. 내 아이만 잘되길 바라는 게 아니라 아이를 둘러싼 모든 사람과 환경도 좋은 방향으로 바뀌었으면 한다. 그러기 위해서는 내가 바로 서야 했다. 외벌이로는 도저히 살 수 없는 세상이라면 '올바른 맞벌이'로 가정을 세우고 싶었다.

그렇게 올바른 맞벌이 연구소가 시작된 것이다. 나 혼자 잘되는 것이 아닌, 나와 비슷한 상황에 있는 엄마들을 우리 엄마처럼 멋지게 끌어주어 함께 잘되고 싶다. '엄마'라는 것 하나만으로도 브랜드가 될 수 있다. 그 브랜드로 돈을 벌 수 있다면 아이와 나를 내팽개치면서까지 힘들게 살지 않아도 된다. 회사에 가지 않아도 된다. 집에서 아이를 보며 가정이 바로 설 수 있는 올바른 맞벌이를 할 수 있는 것이다. 그렇게 나는 그냥 '나경이 엄마'에서 '엄마들의 올바른 맞벌이를 돕는 엄마'가 되었다.

09

엄마가 아닌 '오직 나'로서의 시간이
나를 만든다

나는 엄마다. 그리고 김세인이다. 엄마로서의 나도 중요하지만, 오직 나로서의 시간도 중요하다. 그래서 엄마 실행 멘토의 삶을 선택했다. 이 시간은 오롯이 나를 만들어 가는 시간으로 무엇과도 바꿀 수 없는 소중한 시간이다. 나에게 엄마가 아닌 '오직 나'로서의 시간은 총 4개의 시간으로 나뉜다.

1. 새벽 4시 30분 ~ 6시 30분

일어나서 세수하며 잠에서 깨고 확언과 나의 어제를 피드백하는 시간으로 15분 정도를 쓴다. 4시 45분부터 6시까지 도덕경을 필사하고, 독서와 글쓰기를 한 후 6시가 되면 줌에서 액션 독서 멤버들을 만난다. 10분의 영어 스터디를 리드하고 책 내용을 20분간 이야기한다. 나눔을 할 때는 그날 읽은 책, 키워드, 내용, 책을 통한 액션, 실천할 내용을 1분 스피치로 나눈다.

2. 아이 등원 후 오전 10시 ~ 12시

바쁘게 아이 등원을 마친 후 '공복' 상태에서의 러닝 혹은 걷기를 즐겨 한다. 약 3km에서 많으면 5km 정도를 뛰고 있다. 정확히 2022년 10월 26일 러닝을 시작했으니 벌써 2년이 넘었다. 중간중간 조금씩 느슨해지는 시간이 있었지만 그래도 포기하지 않고 꾸준히 뛰며 체력을 단련시키고 있다. 책을 쓰기 시작한 2023년 3월 동아 마라톤을 시작으로 5번의 10km 마라톤을 완주했다. 그다음 단계인 하프 마라톤, 풀 마라톤은 내 버킷리스트 중 하나다. 운동을 마치고 나면 집에서 10분 거리의 사무실로 출근을 한다.

3. 식사 후 오후 1시 ~ 4시 30분

이 시간은 콘텐츠 제작을 하거나 업무를 보는 시간이다. 오전에 정해놓은 분량의 책을 다 쓰지 못했다면 더 보충해서 쓰기도 하고 인스타그램 피드 제작, 혹은 그 외 콘텐츠를 기획한다. 그 이후 아이 하원하기 전 4시 30분까지는 내 나름의 공부 시간을 갖는다. 제한은 없다. 나와 엄마들을 브랜딩하기 위해서는 여러 사례가 필요하기에 유튜브, 인스타그램, 책을 보며 인사이트를 쌓고, 아이디어를 얻기도 한다.

4. 아이를 재우고 난 밤 9시 ~ 10시

이때는 신랑과의 퀄리티 타임을 보낸다. 서로 눈을 마주치고, 오늘 있었던 일을 나누며 함께 시간을 보낸다. 강의 욕심이 꽤 있었던 초반에는 오직 강의 기획과 강의 시간으로 배치하다 보니 당연히 신랑과 대화할 시간이 부족했다. 그때 신랑의 말이 꽤 충격적이었다. "당신의 성공에 나는 없는 것 같아." 내가 누구 때문에 이렇게 열심히 사는데? 반발심이 들었지만, 돌아보니 내 스케줄만 열심히 소화하고 있었다는 것을 깨달았다. 그때부터 일주일 중 최소 3~4일은 남편과의 시간을 가지려 노력하고 있다. 상황상 여의치않으면 신랑이 퇴근 후 식사할 시간에 아이도 데리고 같이 앉아서 눈을 맞추며 이야기 나누려 노력하고 있다. 이러한 내 노력이 보였는지 함께 시간을 보내지 못해 불평하던 신랑도 조금씩 바뀌기 시작했다. 내 일에 관심을 보이며, 열심히 하는 모습이 보기 좋다는 응원도 아끼지 않는다.

하루 24시간 중 오롯이 내 시간은 8시간이다. 나는 이 시간을 초집중 모드로 활용한다. 아내로서, 엄마로서의 시간도 있기에 내 시간에 최대한 많은 것을 담으려 노력한다. 이 시간으로 하여금 '나로서의 자기 효능감과 자아 효능감이 올라가고, 그 경험을 통해 조금 더 아이를 잘 돌봄으로써 육아 퀄리티 또한 향상하는 것을 경험하고 있다.

나는 이렇게 시간을 쪼개서 지내고 있다고 주변 친한 친구들에게 자세히 말하지 않는다. "왜 그렇게 열심히 살려고 하냐?"라는 말을 듣고 싶지 않아서지만, 실은 몇 번 들었다. 처음에는 몇 번 이유를 설명했으나, 지금은 아예 하지 않는다. 설명해도 귀를 막는 이에게 에너지를 낭비하고 싶지 않기 때문이다. 오히려 그 시간에 나를 필요로 하는 사람들과 진심으로 소통하고 나누기로 했다.

엄마 실행 멘토로 활동하면서 느낀 점은 생각보다 자기 계발의 필요성을 느끼지 못하는 엄마들이 많다는 것이다. 물론 사람마다 추구하는 가치가 다 다르기 때문에 좋고 나쁘고를 말할 수는 없지만, 자기 계발을 하는 것을 떠나 엄마에게 '나만의 시간'을 가지는 것은 정말 중요하다.

다음 2장에서 내가 나만의 시간을 어떻게 활용하는지 자세히 공유하려고 한다. '나만의 시간'은 특별하지 않다. 잠시 휴식을 취하거나, 사색하는 것. 5분 만이라도 바깥 공기를 마시며 걷고 주변을 돌아보는 것. 커피 한 잔의 여유 정도는 내보자는 것이다. 여기서 좀 더 욕심을 부려 내가 하고 싶은 것을 해본다면 스스로 무언가를 해냈다는 성취감도 얻게 된다. 단 5분, 10분이라도 나만의 시간을 가져보자. 오직 아이만 바라본다고 육아를 잘하는 것은 아니다. 오롯이 '나'로서 모든 감각을 열고 만끽해 보자. 그 시간이 주는 힘을 느껴보고 이로써 내가 아이에게 주는 긍정적인 에너지, 기분 좋은 태도, 힘들어도 기꺼이 해내는 힘을 느껴보길 바란다.

엄마의 하루는 24시간이 모자라!

"시간은 있다면 있고, 없다면 없는 것이다."

내가 좋아하는 글귀다. 워킹맘 시절 늘 "아휴, 왜 이렇게 시간이 빨리 가니! 한 것도 없는 것 같은데!"라는 말을 달고 살았다. 회사를 그만두고 내 사업을 하고부터는 쏙들어간 말이다. 사람은 말에 지배된다고 했던가. 신기하게 그런 말을 하는 날은 시간이 더 빨리 가는 것처럼 느껴졌고, 매일매일 한 것도 없이 시간만 축내는 사람으로 여겨졌다. 그런 생각은 내 자존감을 갉아먹었고, 자꾸만 부정적인 에너지를 끌고 왔다. 이렇게 살면 안 되겠다는 생각에 먼저 내가 보내는 시간을 확인해 보기로 했다. 아이 등원시키기, 아침 밥상 차리기, 회사까지 1시간 반 이동하기, 이동하는 동안 신나는 음악

듣기. 유튜브 보기, 인스타그램 하기, TV 드라마 보기 등.

적다 보니 필요 없는 시간이 많았다. 그냥 멍하니 보냈던 시간이 모이니 하루에 4시간도 넘었다. 그 시간만 아껴도 충분히 나만의 시간을 가질 수 있었다. 좀 더 시간을 잘 관리하기 위해 플래너들을 찾기 시작했다. 내게 맞는 플래너를 찾으려고 몇 날 며칠을 뒤졌고, 그렇게 찾은 게 'PDS 다이어리'였다. PDS 다이어리는 시간 관리 플래너로 J(계획형)인 나에게 딱이었다. 나는 여기에 내 시간을 네 가지로 나누어 색깔로 표현한다.

하늘색은 독서와 인풋, 자기 계발, 분홍색은 아이, 가족과 함께 보내는 시간, 주황색은 수면, 노란색은 약속/일정, 회색은 휴식 및 킬링타임이다. 색깔로 분류해 놓으면 한눈에 내가 어느 것에 시간

PDS 다이어리 2컷

을 많이 보내는지 알 수 있다. 만약 내 다이어리에 회색이 많은 날은 반성해야 하는 날이다. 어쩌다 보게 된 TV 속 드라마가 너무 재미있어서 시간이 꽤 가버린 시간은 모두 회색으로 기록한다.

다이어리 아래쪽 SEE 부분에 간단한 내 다짐을 적기도 하고, 확언, 잘한 것, 아쉬운 것, 개선할 점들을 적는다. 하루를 마무리하는 밤이나 다음 날 새벽에 정리하면서 쓰다 보면 반성하기도 하고, 오늘 하루에 감사하기도 한다. 매일 이렇게 작성하며 내 자신을 반성하고 개선할 점을 적다 보니 생각보다 허비하던 내 시간이 자꾸 보이고, 그것을 더 알차게 사용하고 싶은 생각도 든다.

매일 할 일을 전날 작성해 두고 잠자리에 들면, 다음 날 해야 할 일이 있기 때문에 괜히 설레고 꼭 일어나야 할 이유가 생긴다. 무조건 '미라클 모닝'을 외치면 작심삼일이 된다. 왜 일어나야 하는지, 일어나서 무엇을 해야 하는지 모른 채로 그저 일찍 일어나기만 하면 된다고 생각하겠지만 그렇지 않다. 할 일이 없으면 차라리 그냥 자는 게 낫다. 억지로 일어나서 시간만 축내기보다는 미리 할 일을 작성해 두어 시간을 활용하자.

나는 미리 계획을 세워 환경설정을 해놓는다. 이는 자동으로 새벽에 일어나게 하는 힘이 된다. 내 시간 관리 능력은 현재 75점 정도 되는 것 같다. 나도 사람인지라 완벽하지는 않다. 아직도 욕심을 부려 하루에 무리한 계획을 세우기도 하고, 가끔 슬럼프가 와서 아무엇도 하지 않고 멍하니 있을 때도 있다. 그래도 괜찮다. 그렇게 잠시 휴식을 가지면 또다시 일어설 힘이 생긴다.

이렇게 하루하루를 기록하며 포기하지 않고 살아가는 나를 보며 다시 한번 확신하곤 한다. 내 자신이 부족하다고 느껴지는 이 상황조차도 성장해 나가는 과정이다. 계속해서 나를 훈련시키고 그 임계점을 넘어서면 점점 일하는 속도 또한 빨라질 것이다.

시간이 너무 없어 힘들다면 먼저 내 시간부터 체크하는 '시간 가계부'를 적어보자. 아이를 등원시키고 아무 생각 없이 켜던 TV, 다른 엄마들과 함께하는 의미 없는 커피 타임, 외출 전 준비하는 시간, 어느 장소로 이동하는 시간 등. 기록하고 눈으로 보게 되면 생각보다 하루에 나에게 주어진 자투리 시간, 의미 없이 보내는 시간이 참 많다는 것을 알게 될 것이다. 그 시간을 파악하고 어떻게 바꿔 나갈지 고민해 보자.

내가 하고 싶은 것이 정해지지 않은 엄마라면, 그것을 찾는 과정으로 독서와 글쓰기를 추천한다. 독서와 글쓰기를 하는 시간을 일과 안에 만들어 두고 실행하자. 책을 읽다 보면 분명 방향성을 찾을 수 있을 것이다. 꼭 독서가 아니더라도 내 시간을 어떻게 쓰면 더 효율적일지 고민해 보고 나를 발전시킬 수 있는 시간을 배치해 보자. 워킹맘이라면 출퇴근 시간, 업무 시간 중간, 점심시간, 귀가 후, 아이를 재운 후의 시간 등이 자투리 시간으로 남을 것이다.

집에 오면 아무것도 하기 싫어서 의미 없이 TV나 스마트폰만 봤다면, 이제는 그 시간에 하고 싶었던 공부 관련 강의를 보는 것으로 대체한다든지, 책을 읽은 후 내 생각을 정리하는 글쓰기를 해보자. 이 '공부'의 범위는 워낙 포괄적이라 하나로 좁힐 수는 없지만, 평소 배우고 싶었던 무엇이든 괜찮다. 부동산, 주식, 코인 공부를 해도 좋고, 경제 관련 책을 읽어도 좋다. 이 기회에 영어 공부를 제대로 해보는 것도 좋고, 취미생활을 즐기는 것도 좋다. 클래스101, 클래스유 등 다양한 강의플랫폼이 활성화되어 있고, 유튜브만 보더라도 퀄리티 높은 무료 강의도 많으니 잘 찾아보고 내게 필요한 것을 이용해 보자. 조금만 찾아보면 공부할 수 있는 콘텐츠는 정말 셀 수 없이 많다. 자기에게 주어진 시간을 최대한 효과적으로 사용하고 더욱 성장하려 노력하는 엄마가 되자.

[하고 싶은 것을 찾는 엄마들을 위한 바로세인의 추천 책]

《꿈이 있는 아내는 늙지 않는다》, 김미경 저, 21세기북스, 2014
《비상식적 성공 법칙》, 간다 마사노리 저/서승범 역, 생각지도, 2022
《역행자》, 자청 저, 웅진지식하우스, 2023

모두가 잠든 새벽 4시 30분,
나만의 하루가 시작된다

"인생은 리허설이 아니다. 그러니 하루하루를 최선을 다해 살아야
한다. 일찍 일어나는 것 자체는 당신이 열심히 일했으니 성공할 거
라는 신호가 아니다. 그 시간에 무엇이든 할 수 있도록 당신 안의
잠재력을 이끌어내는 게 중요하다."

-리처드 브랜슨, 버진 그룹 회장

내가 무척이나 공감하는 말이다. 일찍 일어나는 것이 중요한 것
보다는, 내 잠재력을 최대치로 꺼낼 수 있는 시간을 알고 그 시간
에 일어나는 것을 실천하는 것이 중요하다. 나에겐 그 시간이 새벽
시간이다. 새벽 4시 30분이면 핸드폰 알람이 울린다. 나는 남편이
깰까 봐 부리나케 몸을 일으켜 알람을 끈다. 제일 먼저 하는 일은

화장실로 가서 세수하고 양치하는 것이다. 침대 밖을 벗어나는 게 제일 힘들지만, 그걸 이겨내면 생각보다 습관으로 자리 잡혀 쉽게 해낼 수 있다. 세수와 양치를 한 후에는 포트에 물을 올린다. 아침 시간에는 몸에 좋다는 음양탕을 마시려 노력한다. 머그잔에 끓인 물을 반 정도 넣고 차가운 물을 4분의 1정도 넣어주면 딱 마시기 알맞은 온도가 된다. 기호에 맞게 자몽 오일을 넣어 자몽티로 마시기도 하고 따뜻한 물 그 자체를 마시기도 한다. 계절에 따라, 그리고 내가 진행하고 있는 업무 우선순위에 따라 새벽에도 하는 일이 달라지지만 기본적인 루틴은 다음과 같다.

새벽 4시 30분에서 4시 40분까지는 세수와 스트레칭을 하며 잠 깨는 시간을 가진 후 확언을 적고 5분 저널을 적는다. 그리고 4시 40분부터 1시간 정도는 독서를 한다. 일어나서 바로 독서하는 거라 졸릴 때도 있는데 그럴 땐 미련 없이 책을 바꿔 전환을 시킨다. 졸린 순간에도 얼른 책을 바꿔 읽으면 다시 잠이 깨서 내가 자주 하는 방법이다. 그렇게 1시간 독서 후 30분 정도의 글쓰기 시간을 갖고 액션 독서 멤버들과의 나눔 시간을 갖는다. 책을 읽고 키워드, 오늘의 한 구절, 실행할 점들을 나눈다. 원래 네이버 카페에서만 기록을 진행했는데, 현재는 매일 기록할 수 있는 '진짜 실행 독서 노트'를 제작하고 있다.

아이가 7시쯤 일어나기 때문에 내 아침 시간은 이제 30분이 남았다. 이 30분 동안 경제 신문 기사를 읽고 가계부를 쓰며 트렌드를 파악하려 노력하고 있다. 경제 금융 쪽을 잘 모르는 나에게 매일 경제 신문을 읽는 것은 쉽지 않은 일이지만, 계속 눈에 익히고 얻어갈 수 있는 트렌드는 뭐가 있을지 생각하며 읽고 있다. 읽는 것에서 끝나는 게 아니다. 여러 기사를 확인한 후 내가 오늘 제일 중요하다고 생각한 주제의 기사를 꼼꼼히 읽으며 모르는 단어, 어떤 공부를 더 해야 하는지를 적으며 공부한다. 기준 금리가 떨어졌다는 기사를 읽으면 왜 떨어졌는지에 대한 이유를 다른 기사에서 찾아보고 이를 분석한다. 그렇게 나의 새벽 시간은 마무리된다.

엄밀히 말하면 나는 약 2시간 30분 정도의 새벽 시간을 사용하는 것이다. 얼마나 차이가 있다고 새벽에 일어나느냐는 엄마들도 있을 것 같다. 글의 서두에서도 말했지만, 몇 시에 일어난다는 것이 중요한 게 아니다. 내 시간을 갖는 그 자체가 중요한 것이다. 정해둔 시간에 무엇을 할 것인지, 어떤 일을 해야 나의 성장을 위한 것인지를 생각하고 그것을 실천할 때 의미가 있다. 새벽보다 밤에 더 집중이 잘 되면 밤 시간을 활용해도 좋다. 나처럼 4시 30분이 아닌, 6시도 좋다. 내가 만들 수 있는 시간만큼 확보하면 된다.

"새벽 시간에 일어나서 나의 성공을 위해 하고 싶은 것은 무엇인가?"를 '밤 10시~12시 사이'로 적용해도 좋다. 이제 이 질문에 답해 보자. 처음에는 아무 생각도 나지 않을 수 있다. 혹은 몇 가지 안 될 수도 있다. 괜찮다. 단 하나라도 해 보자. 그러다 보면 점점 더 확장되면서 하고 싶은 목록이 채워질 것이다. 그렇게 나만의 루틴을 만들어 나가자. 상황에 따라 이런저런 루틴들을 하나씩 넣었다 채웠다 하며 적응해 보자.

지금 나에게 하고 싶은 질문 3가지

*날짜와 함께 적어두세요. 적으면 이루어집니다.

나의 미라클 타임은 언제인가요?

미라클 타임에 하고 싶은 것은?

미라클 타임을 통해 정말 이루고 싶은 것은?

긍정 확언으로
아침을 활기차게 열어라

∨ 나는 2024년 12월 31일까지 월 1,000 이상을 번다.

∨ 나는 엄마들의 브랜드 실행을 돕는 엄마 실행 멘토, 바로세인이다.

∨ 모든 일어나는 일은 다 나를 위함이다. 오늘도 최고의 하루였다.

∨ 나는 2024년 두 아이의 엄마가 되었다.

∨ 나는 2028년 50억 이상 자산가가 되었다.

∨ 나는 2028년 엄마 사업가 5인과 함께 엄마도 브랜드다 토크쇼를 1,000
  명이 넘는 관중 앞에서 성황리에 마쳤다.

∨ 나는 경제, 금융, 부동산을 공부해 2025년 용인 30평대 아파트로 이사
  를 했다.

∨ 모두 감사합니다. 축복합니다. 사랑합니다.

내가 매일 적어왔던 긍정 확언이다. 상황에 따라 적는 내용을 바꾸기도 한다. 예를 들어, 진행하게 된 프로젝트가 있다면 '그 프로젝트로 인해 부수입을 (금액) 이상 벌었다'와 같은 확언을 적기도 한다. 손으로 확언을 직접 적고 그것을 소리 내어 말한다. 그리고 동시에 핸드폰으로 녹음한다. 이것을 내가 운영하는 '엄마브랜딩 스쿨 커뮤니티' 톡방 멤버들한테 보내고, 확언 인증방에도 보내며 새벽을 시작한다.

나도 확언을 직접 하기 전까지는 '확언의 힘'에 대해 실감하지 못했었다. 확언을 시작하고 나서 매일 적고 녹음하고, 실제로 이루어지는 것을 보면서 끌어당김의 법칙과 잠재의식의 힘에 관한 생각이 바뀌었다. 그저 적고 외치기만 했을 뿐인데 그대로 이루어진다면, 안 할 이유가 없지 않겠는가? 그래서 진심으로 확언에 집중하며 매일 실행하고 있다.

혹시 처음에 어떤 확언의 내용으로 하루를 시작해야 할지 모르겠는가? 그렇다면 유튜브에 '아침 시작 확언' 또는 '확언'이라고 검색해 보자. 엄청나게 많은 영상을 볼 수 있을 것이다. 그중 내가 좋아하는 '드로우앤드류'님의 자기 암시 영상을 들으면서 나만의 확언 리스트를 만들라고 추천하고 싶다. 목표가 명확하지 않은 긍정 문장들로 이루어져 있어서 처음 만들 때 도움이 된다.

확언을 만들 때 생각해야 할 '본질'은 내가 어떻게 살고 싶은지, 어떤 사람이 되고 싶은지다. 내 삶의 방향성이 나오면 타깃, 즉 '대상'이 나온다. 누구를 위한 일을 하고 싶은지도 명확해야 이 모든 것이 바탕이 되어 끌어당길 수 있는 정확한 확언이 나오게 된다. 지금의 당신은 현재까지 당신 삶의 결과다. 그것을 인정하고 남은 인생을 어떻게 살고 싶은지 생각해 보자. 엄마로서의 나 말고, 나 스스로의 삶에서 어떻게 살고 싶은지를 생각해 보고 자신에게 물어보자. 정말 이렇게 살고 싶은지, 생각하면 가슴이 뛰는지 말이다. 질문에 대한 답이 명확하다면 당신의 확언은 매일 당신이 원하는 목표와 꿈을 끌어당길 것이라 확신한다.

앞선 확언 중 현재 시점에서 제일 나의 가슴을 뛰게 하는 확언은 1,000명이 넘는 관중 앞에서 '엄마도 브랜드다' 토크쇼를 하는 것이다. 이 확언을 입으로 말하면 가슴이 두근거리고 마치 이루어진 것처럼 뒤통수가 쭈뼛쭈뼛 선다. 그 기분에 매일 하루가 행복하고 기대된다.

실제 이 확언을 쓰고 나서 2023년 10월과 12월, 그리고 2024년 5월에 4명의 엄마들과 함께 오프라인 토크쇼 강의를 열었다. 관중으로 온 20명의 엄마들과 정말 행복한 시간을 보냈다. 만약 내가 목표를 쓰고 계속 외치지 않았다면 할 수 있었을까? 이게 첫 시작이 되어 1,000명 앞에서 하는 토크쇼 또한 이루어질 것이라 생각한다.

지금 이 책을 읽는 당신에게도 생각만 해도 두근거리는 꿈이 있는가? 없다면 찾아보자. 상상만 해도 행복한 꿈을 되풀이하며 잠재의식에 각인시키면 반드시 그 꿈을 이루게 할 모든 것이 나에게 다가온다. 그리고 나도 모르는 사이에 꿈은 이루어져 있다. 나의 꿈을 이룰 수 있다는 확신을 갖자. 집중하여 그 꿈을 이룬 내 모습을 상상하자. 나라고 못 할 거 있는가?

5분 저널을 적고 매일 감사하라

나는 매일 아침 5분 저널을 쓴다. 5분 저널이란, 매일 5분간 적는 아침 일기를 말한다. 5분 저널은 인텔리전트 체인지^{Intelligent Change}라는 곳에서 만들어졌다. 현대인들에게 긍정적인 습관을 만들어 주는 《하루 5분 아침 일기》, 《프로덕티비티 플래너》를 출간한 회사로 계획을 세우고 실행할 수 있도록 하는 데 초점을 맞춰 책자를 제작하는 곳이다. 처음엔 5분의 힘에 대해 과소평가했다. 겨우 5분으로 뭘 할 수 있다는 건지 의심했다. 하지만 지금은 주변 사람은 물론, 엄브님들에게도 5분 저널을 추천한다.

5분 저널에는 아침 3가지, 저녁 2가지 질문에 대답을 적을 수 있도록 구성되어 있다. 아침 질문 3가지는 '지금 이 순간, 감사하고 싶은 일은?', '어떻게 하면 더 좋은 하루를 보낼 수 있을까?', '나를 위한 긍정의 한 줄은?'이고, 잠들기 전 하루를 마무리하며 적는 2가지 질문은 '오늘 일어난 멋진 일 3가지는?', '무엇을 했더라면 오늘 하루가 더 만족스러웠을까?'다(《하루 5분 아침 일기》, 인텔리전트 체인지 저/정지현, 정은희 역/ 심야책방, 2017).

'지금 이 순간, 감사하고 싶은 일'에 나는 이렇게 적었다. 나경이에게 온전히 집중할 수 있는 퀄리티 타임을 보낼 수 있어 감사하다. 아침 귀한 새벽 시간을 보낼 수 있음에 감사하다. 나를 믿어주고 응원해 주는 가족, 사람들이 있어 감사하다. 정말 사소한 작은 것 하나까지 감사하다. '오늘 일어난 멋진 일'은 보통 누군가를 만난 일, 내가 성취한 일, 협업을 잘 마무리한 일을 적었다. 감사하는 것에서만 끝내면 나를 객관적으로 돌아볼 수 없다. 그러나 '무엇을 했더라면 오늘 하루가 더 만족스러웠을까?'라는 질문으로 오늘 하루의 나를 조금 더 객관화하기 좋다. 즉 '하루를 잘 보냈다고 생각했지만 조금 더 만족스러워지려면 어떻게 하는 게 나았을까?'하고 스스로 물으며 답을 찾는 것이다. 좋은 질문이 쌓이면 좋은 답변이 쌓인다. 좋은 답변은 내 생각을 바꾸고, 행동과 삶을 변화시킨다.

모든 게 더없이 만족스러운 날은 이렇게 적었다. "지금 이 만족스러움에 취해 너무 자만하지 말고 뚜벅뚜벅 가자. 충분히 가치를 줘야만 너의 옆에 사람들은 계속해서 머물 것!" 반성만이 답은 아니라고 생각했다. 현재에 너무 안주할까 봐 덜컥 겁이 나는 날도 있다. 그럴 때는 지금도 좋지만 한 뼘이라도, 한 발짝이라도 더 어제보다 성장하도록 노력하자고 적는다. 벌써 1권을 모두 다 적고 다음 일기를 작성하고 있다. 이미 지나간 하루들을 돌아보며 그때 나의 기분, 사업가가 되기 위한 생각들을 다시 한번 되새긴다.

5분 저널 외에도 아침마다 긍정 확언 5분을 더해 총 10분 동안 직접 손으로 쓰고 소리 내어 읽는다. 처음부터 두 가지를 한 번에 하기는 힘들 수 있다. 그럴 때는 확언을 먼저 하라고 권하고 싶다. 내가 바라는 것, 내가 되고 싶은 것을 소리 내어 외치다 보면 정말 내가 '그런 사람'이 된 것처럼 느껴지고, 진짜 '내가 원하는 것'을 찾게 된다. 내가 원하는 것을 먼저 찾고 확언하는 것이 아니라, 외치다 보면 원하는 것을 찾는 것이다. 그러면 확언은 더 구체적이고 생생해진다. 이제 내가 원하는 것을 이루는 방향으로 외치면 된다. 말의 힘은 엄청나다. 그저 외치는 것만으로도 삶이 바뀐다.

꼭 5분 저널이 아니어도 좋다. 나의 하루를 돌아보고 반성의 한 줄을 적을 수 있는 노트라면 어떤 것이든 상관없다. 이렇게 매일 두 가지로 나 자신에게 피드백하면 그 방향으로 성장하려 노력하는 나 자신을 발견하게 될 것이다.

《생각하라 그리고 부자가 되어라》의 저자 나폴레온 힐은 "자신에게 소망을 이룰 수 있는 능력이 있다고 믿으면, 잠재의식에 그 생각들이 단단히 뿌리내릴 뿐만 아니라 그 생각 자체가 단단해진다. 자기 능력을 확신하면, 그것을 믿어야만 한다는 마음 일부가 무한 지성에 가 닿을 수 있게 된다. 무한 지성이 작동할 거라는 믿음이 있으면, 의식 역시 그 믿음에 저항하지 않게 된다. 의식이 저항하지 않으면, 잠재의식이 창조적인 생각들을 의식으로 보내기가 더욱 쉬워진다. 인생에서 믿음의 힘이 작동한다는 사실을 알게 되면 다음번에는 믿기가 더욱 쉬워진다"라고 말했다(《생각하라 그리고 부자가 되어라》, 나폴레온 힐 저/빌 하틀리 편/이한이 역, 반니, 2021, 87p).

지금 당장 이루고자 하는 것과 감사하는 것을 적고 매일 읽어 보자. 매일 감사하며 확언하는 자에겐 반드시 성공이 다가온다. 그러니 나 자신을 믿고 행동으로 옮기자.

잊지 말자. 행동은 자기 확신에서 나온다는 사실을.

'엄마'의 시간과 '나'의 시간 분리하기

"엄마에게는 엄마로서의 시간뿐 아니라 그녀 자신만의 시간이 반드시 필요하다." 이는 내가 엄마로서, 사업가로서 일할 때의 철칙이다. 나에게는 두 가지 종류의 시간이 있다. 엄마로서의 시간, 그리고 사업가 '김세인'으로서의 시간. 이 시간을 분리하고 해야만 하는 일들을 명확하게 구분함으로써 나의 하루는 조금 더 치열하면서도 뜨거운 열정으로 살아갈 수 있다.

말했듯이 나는 매일 PDS 다이어리에 가정/자기 계발/아웃풋/킬링타임 혹은 휴식을 네 가지 색상으로 분류하여 기록한다. 기록을 마치고 나면 그날을 어떻게 보냈는지 한눈에 볼 수 있다.

엄마로서의 시간

1) 남편 출근과 아이 등원 전 시간 (AM 6:30 ~ 9:20)

남편은 보통 집에서 7시 20분쯤 나가기 때문에 6시 반부터 출근 전까지 간단한 아침을 준비한다. 아이의 아침도 함께 준비한다. 우리 가족의 아침은 보통 가벼운 식사로 대체한다. 단백질 쉐이크, 곡물빵, 시리얼, 베이글, 요거트로 먹는다. 아침 식사 준비가 끝나면 아이 등원 채비도 먼저 해두는데 이불이나 여벌 옷, 간식, 물 등을 미리 챙겨서 바로 나갈 수 있게 해둔다.

2) 아이 하원 시간부터 자기 전까지의 시간 (PM 4:30 ~ 9:00)

아이가 어린이집을 옮긴 뒤부터 4시 30분~5시쯤 내가 직접 아이를 픽업한다. 이때부터 남편 귀가 전까지 온전히 엄마로서의 시간이다. 우리 가족은 남편 퇴근 후 저녁을 먹는다. 그래서 이 시간은 저녁 식사 준비부터 아이 씻기고 재우기가 포함된다. 식사가 끝나면 설거지양이 엄청나서 부부 중 한 사람이 아이를 씻기는 동안 다른 사람은 자연스럽게 설거지를 한다. 우리 부부는 가사 분담이 나름 잘된 편이라 이 시간을 잘 버틸 수 있다.

김세인으로서의 시간

1) 남편과 아이가 잠든 새벽 기상 시간 (AM 4:30 ~ 6:30)

이 시간 루틴은 거의 정해져 있다. 내가 중요하게 생각하는 독서와 운동을 하는 것이다. 일어나서 늘 하는 확언, 5분 저널 작성 그리고 기도를 짧게 한 후에는 1시간 독서를 하고, 격일로 러닝을 간다. 러닝을 가지 않는 날에는 책을 읽는다. 나에게 그 무엇과도 바꿀 수 없는 시간이다.

2) 남편 출근, 아이 등원 후 시간 (AM 9:20 ~ PM 4:30)

남편이 6시, 30분쯤 집을 나서면, 아이 등원 준비를 해서 9시 20분 등원 차를 태워 보낸다. 그 이후 내 시간이 다시 시작된다. 이때는 보통 콘텐츠를 제작하거나, 새벽 기상을 하지 못한 날에는 독서 또는 운동을 하기도 한다. 점심을 먹은 후에는 하고 싶은 공부를 하거나, 강의/코칭을 준비하는 시간을 갖는다. 어떻게 하면 더 좋은 인사이트를 줄 수 있을지 고민하고 그것을 실행한다. 유튜브 영상으로 남겨 수강생에게 제공하기도 한다. 최대한 시간을 활용하기 위해 일상에서 콘텐츠를 더 많이 만들려고 노력하고 있다. 이 책을 쓰는 동안 새벽 시간이나 아이 등원 후 시간을 활용해 집필하기도 했다. 이렇게 그때그때 상황에 맞춰 시간 사용을 달리한다.

3) 아이 재운 후 시간 (PM 10:30~11:00)

이 시간엔 남편과 시간을 더 많이 보내려 노력한다. 회사에서 어떤 일이 있었는지, 오늘 특별한 일은 없었는지 등 서로의 하루를 묻는다. 최대한 많은 이야기를 나누며 시간을 보낸다. 그리고 잠들기 전 내일 일정, 할 일을 다이어리에 적으면서 하루를 마무리한다.

나의 시간은 이렇게 엄마로서의 시간과 나 자신으로서의 시간으로 나뉜다. 물론 가끔 나 자신으로서의 시간이 예기치 못하게 없어지는 순간들도 있다. 아이가 갑자기 아파서 가정 보육을 해야 할 때, 갑작스럽게 병원을 데리고 가야 할 때 등 아이에 관한 일은 무조건 1순위로 두고 일한다. 그 외 평상시와 같을 때는 나의 시간을 최대한 활용하려 노력한다. 내가 늘 시간 관리를 위해 사용하는 PDS 다이어리를 현재 나만의 플래너로 기획해 제작했다. 시간 관리와 실행하기를 위한 것들을 적을 수 있도록 할 예정이다.

혹시 매일 시간이 없다고 생각하며 자기 합리화를 하고 있지는 않은가? 그렇다면 내 시간을 눈으로 볼 수 있도록 기록하자. 기록해서 직접 눈으로 보면 내가 얼마나 많은 시간을 허비하고 있는지 실감할 수 있을 것이다. 그 자체로 큰 깨달음을 얻을 거라 생각한다. 낭비하는 시간이 있다면 어떻게 생산적으로 바꿀 수 있는지 고민해 보자. 고민하는 것만으로도 개선 방향을 찾을 수 있을 것이다.

그리고 나를 위한 시간을 최대한 확보하고 매일 실천하며 성장하자. 매일의 발걸음이 쌓여 더 크게 성장할 수 있다.

06

나만의 루틴으로
낭비하는 시간 절약하기

하루 24시간을 낭비 없이 알차게 쓰고 있는가? 아니면 시간 주머니에 구멍이 나서 줄줄 새고 있는가? 매일 내가 어디에 시간을 쓰는지 적어 보면, 생각보다 낭비하는 시간이 많다는 것을 알게 된다. 아침에 일어나서 아침 식사 준비, 등원 준비를 하면서 생기는 잠깐의 짬, 등원 후 집에 들어와서의 시간, 집안일 다 하고 나서 잠시의 시간, 아이를 재우고 나서의 시간 등. 그 자투리 시간에 인스타그램이나 유튜브 보면서 멍하니 있다 보면 정말 빠르게 지나간다. 필요한 물품이 있어서 핸드폰을 들었다가 알 수 없는 알고리즘에 이끌려 유튜브를 보다 보면 30분, 1시간 순삭이다.

이런 작은 시간을 낭비하지 않으려면 나만의 플래너를 작성하고 관리하면 좋다. 나처럼 PDS 다이어리를 사용해도 좋다. PDS 다이어리는 'PLAN', 'DO', 'SEE'의 약자로 계획을 세우고, 실행하고, 나를 되돌아보도록 잘 구성되어 있다. 시간 관리를 하기 위해 작성했는데, '메타인지'를 높여줘서 나 자신을 훨씬 객관적으로 보고 낭비하는 시간을 알 수 있는 나만의 소중한 도구다. 한 업체에서는 이 다이어리를 잘 활용하도록 하기 위한 단톡방을 지원하고, 명사들의 강연을 무료로 들을 수 있는 기회를 제공하기도 한다. 제대로 사용만 한다면 정확한 루틴을 갖고 실행할 수 있는 훌륭한 도구다. 'PDS 다이어리'라고 검색만 해도 다양한 예시들이 있으니 나에게 적용하며 계속해서 보완해 나갈 수 있다.

다이어리는 보통 [Yearly-Monthly-Daily Report]를 작성한다. 연간 달력(Yearly)은 독서 기록을 하기 위한 도구로 작성하고, 월별(Monthly) 목표, 실행하려는 습관들 또한 적고 매일(Daily) 체크한다. 1년 동안 작성하면서 어떻게 쓰는 것이 더 효율적일지 습득해서 적용하고 나에게 맞게 바꿔 가는 중이다. PDS 중 SEE는 나를 돌아보고 기록하는 곳이다. 내 하루를 복기하면서 좋았던 것, 감사한 일, 수정 보완해야 할 것들을 적는다.

이렇게 시간 관리를 해도 신기하게 또다시 낭비하는 시간과 킬링타임이 생긴다. 그때마다 반성하기도 하고, 가끔은 이런 시간이 힐링이 되어 다음 업무를 계속해 나갈 힘을 주기도 한다. 나는 내

PDS 다이어리를 엄브님들께 보여드리면서 다이어리 작성의 필요성을 강조한다. 그러면 다들 깜짝 놀란다.

나처럼 플래너를 작성하는 사람들도 있고, 어떻게 작성하는지 잘 아는 사람들도 있지만 꾸준히 작성하는 사람은 많지 않다. 그렇기에 지금의 내 모습이 더 좋게 보이는 것 같다. 잘하는 것보다 꾸준함이 때로는 더 어렵다. 나는 그 꾸준함을 실제 내 삶으로 보여주고 있다. 나도 가끔 쉬고 싶을 때가 있고, 미라클 모닝에 실패할 때도 있다. 어린아이를 키우다 보니 갑자기 아이가 아프기라도 하면 하루가 그냥 통째로 날아가기도 한다. 그러면 그런대로 계획을 수정하고 보완한다. 원래 계획은 유동적인 게 아니겠는가?

이런 내 플래너를 그대로 보여주니 오히려 더 큰 칭찬과 함께 "나도 할 수 있는 용기가 생겼다"라는 말을 듣는다. SNS에 보여주려면 왠지 완벽해야만 할 것 같은 착각에 빠진다. 그 속에 '나'는 없다. 상상 속 '완벽한 나'만 존재할 뿐이다. 그러다 보면 어느 순간 SNS를 지속할 힘을 잃게 된다. 보여주는 공간일수록 솔직해야 한다고 생각한다. 그래서 나는 내 날 것의 다이어리를 그대로 인스타그램에 공개한다. 그런 내 모습에 친근함이 느껴져서인지 많은 엄마들이 공감해 준다. 그들에게 공유하면서 나 또한 함께 성장해 나간다.

꼭 PDS 다이어리가 아니어도 좋다. 시중에 있는 3P 바인더, 시간 관리 플래너 등 어떤 것이든 활용해 낭비하고 집중하는 시간이 얼마나 되는지 파악해 보자. 내가 어떤 시간대에 집중이 잘 되는지, 언제 더 졸리고 힘든지를 파악하고 그에 맞춰 시간 관리 전략을 세울 수 있다. 지치지 않고 계속해 나가려면 내 루틴을 찾아야 한다. 점심 식사 후 몰려오는 식곤증에 대처하는 나만의 방법을 찾고, 적절한 수면시간을 찾는 것도 중요하다.

나만의 루틴을 정하기 위해서는 나를 잘 아는 것이 매우 중요하다. 처음부터 바로 찾기는 힘들지만, 다양한 방법을 적용 보완하면 찾을 수 있다. 나는 미라클 모닝과 맞지 않는데 무작정 "미라클 모닝을 해야 성공한대!"라면서 시작하면 작심삼일이 되기 십상이다. 내가 새벽 독서가 맞는 사람인지, 맞지 않다면 대체할 수 있는 시간은 언제인지 찾아야 한다. 책을 읽으라고 해서 읽지만 너무 졸려서 10분 이상 지속하기 힘들다면 미련 없이 다른 책으로 바꾸는 것도 좋은 방법이다. 뇌가 지루할 틈을 주지 않는 것이다. 그러다 보면 어느 순간 책 읽는 시간이 즐거워질 것이다.

꼭 한 가지 루틴만 고집할 필요는 없다. 지루해질 때는 독서 대신 글쓰기, 요가 대신 달리기 등으로 방식을 바꿔 실천해 보자. 내가 부족하다고 생각했던 부분들을 생각보다 쉽게 해낼 수도 있다. 자기 계발은 '나를 먼저 아는 것'에서부터 출발하는 것이다.

매일 내가 가진 루틴을 점검하고 또 적용 보완하며 매일을 기록해 보자. 그 하루들이 쌓여 거대한 인물이 되고 나의 가치가 높아진다. 마크 주커버그는 "뜨거운 열정보다 중요한 것은 지속적인 열정이다"라고 말했다. 잠시 타오르고 없어질 열정은 필요 없다. 그것이 '얼마나 지속적이냐'에 따라 '목표를 이룰 수 있느냐'가 결정된다. 이 점을 늘 명심하며 자신의 루틴을 계획해 보자. 작성한 것은 나 자신과의 약속이라고 생각하며 약속을 매일 지키려는 습관을 들이자. 꾸준함은 모든 것을 이긴다.

미라클 모닝의 힘! 읽고 쓰고 만듭니다

"기상 후 2~3시간은 뇌가 가장 활발하게 움직이는 '뇌의 골든 타임'이다."《당신의 뇌는 최적화를 원한다》(가바사와 시온 저/오시연 역, 쌤앤파커스, 2018)의 한 부분이다. 나는 이 시간을 이용해 책을 읽고 나만의 글을 쓰기도 하며, 내 콘텐츠를 제작한다. 시간 때우기용 SNS를 하거나, 의미 없는 카카오톡을 보는 것을 자제한다. 소중한 내 시간을 지키기 위해서다.

뇌의 골든 타임인 이 시간에는 중요하거나 집중도를 요하거나 생산적인 활동을 하는 것이 좋다. 이제 나의 뇌 골든 타임 때의 활동 세 가지를 하나씩 함께 살펴보자.

첫 번째,
읽는 활동

읽는 활동 때는 보통, 서평을 작성해야 하는 책 혹은 나에게 도움되는 책 위주로 읽는 편이다. 만약 아침 독서를 하는 이 시간에 잠이 온다면, 미련 없이 다른 책으로 바꿔서 머릿속을 환기시킨다. 신기하게도 책을 바꿔 읽으면 잠이 조금은 달아난다. 그 책의 내용이 지루했던 것이다. 책 주제를 완전히 바꾸거나 장르를 바꾸는 것도 좋다. 너무 비슷한 분야의 책을 읽으면 지루해지기 마련이다. 그래서 나는 되도록 장르를 바꿔가며 병렬 독서를 하려 한다. 혹 읽는 중 기억에 남는 구절이 있다면 책 자체에 메모를 하거나, 노션을 활용해 기록한다. 추후 다시 책을 읽거나, 독서 노트를 봤을 때 기억에 남게 하기 위함이다. 너무 욕심내서 많은 문장을 기록하지 않는다. 만약 1장을 다 읽었으면 1개 구절만 가지고 가자는 생각으로 문장에 줄을 긋고 내 생각을 쓴다. 책 내용을 그대로 받아들이기보다 이 책 내용을 어떻게 내 삶에 적용할지를 생각해 실제 행동으로 옮긴다.

두 번째,
쓰는 활동

쓰는 활동에는 모닝 페이지 쓰기, 내 책 쓰기, 나의 성장 일기 같은 내면적 글쓰기가 포함된다. 아무래도 새벽 시간에는 초집중 모드로 나를 돌아보는 것이 가능하기에 진도도 빠르다. 여기서 '내면적 글쓰기'는 내가 작성하는 어떤 하나의 주제에 대해 결론을 짓는 것을 말한다. 예를 들어 닮고 싶은 롤 모델의 장점과 강점을 쭉 써 본다. 그 중에서 내가 본받고 싶은 점, 적용하고 싶은 부분을 기록하고, 어떻게 내 것으로 만들 것인지 고민한다. 스스로에게 질문하고 답을 찾는 과정은 나를 객관적으로 바라볼 수 있게 해주고, 좀 더 명확한 답을 찾을 수 있게 해준다. 이때 타이핑 대신 손으로 글자 하나하나 꾹꾹 눌러 적는다. 손으로 적으면 타이핑보다 뇌에 각인시키는 효과가 2배 이상이다.

세 번째,
만드는 활동

만드는 활동에 포함되는 콘텐츠는 보통 카드뉴스나 유튜브, 블로그에 들어갈 콘텐츠를 말한다. 사실 이 3개의 채널에 들어가는 콘텐츠는 어느 정도 작업을 통해 '원소스 멀티유즈One Source Multi Use'가 가능하도록 하고 있다. 원소스 멀티유즈는 하나의 소재를 서로 다른 장르에 적용해 파급효과를 노리는 마케팅 전략이다. 예를 들어 유튜브에 올릴 영상 대본을 작성한다면, 이 대본은 블로그의 글이 될 것이다. 그리고 영상을 찍으면 그 영상은 유튜브 콘텐츠가 될 것이고, 이 유튜브 콘텐츠를 요약하거나 릴스와 같은 숏폼 영상을 제작한다면, 하나로 여러 플랫폼에 활용할 수 있다. 이것이 '멀티유즈'다. 아직 이 멀티유즈를 하는 것에 나 또한 서툰 부분들이 있지만 최대한 여러 SNS를 이용한 콘텐츠를 생산하려 노력하고 있다.

확실히 새벽 시간을 이용한 글쓰기, 독서 그리고 콘텐츠 생산은 점심 식사 후에 하는 것보다 집중이 훨씬 잘 되고 시간도 적게 걸린다. 점심을 먹고 난 후에는 나른해지고 왠지 졸리기 때문에 집중도 잘되지 않는다. 그럴 때를 대비해 가장 중요한 것을 늘 새벽에 하려고 노력한다.

현재 내 상황에서 제일 중요한 두 가지가 무엇인지 생각해 보자. 그리고 이를 나의 새벽 시간에 배치해서 반드시 해내는 루틴을 만들자. 독서와 글쓰기, 운동은 아침 시간을 든든히 지켜주는 나의 친구들과도 같은 존재다. 인생에 있어 소중하지만 일상에 지쳐 미루는 것들을 꼭 배치하고 실천하자.

08

인생에서 가장 소중한 것, 운동과 독서를 치열하게 하라

많은 사람이 간과하는 인생에서 가장 소중한 것은 바로 '독서와 운동'이다. 사람들은 보통 자신이 처한 급한 일들을 처리하느라 독서와 운동을 소홀히 한다. 나는 그 소홀히 하는 마음가짐을 완전히 뜯어고치려 노력했다. 어떻게 하면 미루지 않고 할 수 있을까 고민 끝에 찾은 시간이 바로 '새벽 시간'이다. 일어나자마자 따뜻한 물을 마시고, 핸드폰을 보기 전에 바로 독서를 하고 운동을 하면 절대 미룰 수가 없다.

늘 느끼지만 새벽 시간은 참 쏜살같이 지나간다. 옷 갈아입기를 뭉그적거리며 미루면 금방 10분, 20분이 지나가 버린다. 그럼 괜스레 '좀 늦었는데 오늘은 운동하지 말까?'라며 스스로를 설득한다. 그렇게 합리화하며 운동을 하지 않고 지나가 버린 날도 있었다. 몇

번 미루고 나니 안 되겠다 싶어 생각해 낸 방법이 '5초의 법칙'이다. 미리 운동하러 가는 시간에 알람을 맞춰놓고 알람이 울리면 5초 안에 침대를 박차고 나와서 옷을 갈아입는다.

새벽 시간에 옷장을 뒤지면 아이나 남편이 깰까 싶어 전날 밤 준비를 해놓고 잠자리에 든다. 그대로 일어나서 운동화를 신고 집 밖을 나서면 운동을 할 수밖에 없다. 쉬지 않고 3분도 뛰기 힘들던 런린이(런닝 어린이)가 이제는 러닝을 하는 그 자체에 행복함을 느껴서 러닝 시간이 10분에서 1시간으로 늘어났다.

사람은 모두 바쁘다. 늘 무언가를 계획하고 실행한다. 하지만 인생에서 가장 중요한 건강과 독서는 왜 간과하는 걸까? 중요하지만 급하지 않기에 자꾸만 미루는 것이다. 이제라도 미루지 말고 시작해 보자. 특히 새벽 시간을 활용하면 절대 잊지 않고 해낼 수 있다. 새벽 시간을 알차게 보내며 스스로가 느낄 수 있는 자기 효능감을 최대로 꼭 느껴보라고 권하고 싶다. 생각했던 것보다 많은 것을 해낼 수 있는 사람이라는 것을 깨닫고, 스스로를 사랑하게 된다.

앞으로 중요한 우선순위에 따라 새벽 루틴은 바뀔 수 있겠지만, 가장 중요한 독서와 운동은 시간을 줄이더라도 꼭 유지해 나갈 것이다. 이 두 가지는 지금의 나를 만든 원동력이기 때문이다. 만약 이 책을 읽는 당신도 새벽 시간을 이용해 독서와 운동을 하겠다고 마음을 먹었다면, 처음부터 너무 많은 시간 투자를 하지 말라고 제안하고 싶다. 처음부터 거창하게 시작하면 3일도 되지 않아 지쳐서 못 할 것이다. 작은 것부터 시작해 보자. 기상 후 20분 독서하기, 내가 좋아하는 운동 20분 하기 등 이렇게 바로 할 수 있는 작은 것부터 해 나가면 된다. 작은 시간이 차곡차곡 쌓여서 더 큰 나를 만들어 갈 것이다. 특히 책을 읽고 운동을 하면 자연스럽게 나 자신을 탐색하는 시간이 생긴다. 이 과정을 즐기고 자연스러운 변화를 기쁘게 받아들이기 바란다.

어떤 운동을 하든, 운동을 하며 내 몸을 돌보는 일은 중요하다. 내 몸의 어떤 부위가 약한지, 다른 곳보다 조금 약한 부위를 어떻게 보완해 나가며 운동할 수 있을지 그리고 어떻게 호흡하는 게 더 좋은지, 내 몸의 반응을 실시간으로 관찰하고 스스로를 아껴주는 시간을 가져야 더 즐겁게 운동을 할 수 있다. 해냈다는 생각이 들 수 있도록 적은 시간으로 시작해서 5분, 10분씩 늘려 나가는 것을 추천한다. 조금씩 머리와 몸을 다듬어 가며 더 성장해 나갈 수 있는 발판을 마련하길 바란다.

내가 추천한 이 방법이 당신의 몸과 마음을 건강하게 해줄 시작이 되길 기도한다. 3분도 뛰지 못하던 내가 10km 마라톤을 완주한 것처럼, 당신도 운동 하나를 습득하여 자신에게 스스로를 사랑할 기회를 반드시 주기를 진심으로 바란다.

09

일어나자마자 따뜻한 차 한 잔과
액션 독서 모닝

따르릉. 새벽 4시 30분 알람이 울리면 가장 먼저 물을 끓인다. 팔팔 끓인 물 반 컵에 차가운 물을 조금 부어서 음양탕을 만들어 마신다. 속이 따뜻해지면서 기운이 솟는 느낌이다. 음양탕. 동의보감에서는 '생숙탕'이라고도 하며 명약으로 소개되고 있다. 뜨거운 양의 기운인 물과 차가운 음의 성질인 물이 만나 상하 순환할 때 복용하면, 인체의 상하 기운을 원활하게 소통해 약수의 역할을 한다.

음양탕을 잘 몰랐을 때는 티백을 타서 따뜻한 차를 마시는 것을 즐겼다. 아침 화장실의 효과를 몸소 느낀 후에는 공복에 꼭 음양탕을 마신다. 차가운 물을 함께 섞기 때문에 후후 불 정도로 뜨겁지 않아서 마시는 데에 거부감도 없다. 한 번에 쭉 들이키는 것이 아니라 1시간 동안 독서를 하며 홀짝홀짝 마신다. 음양탕은 한 모금씩 음미하듯이 먹으면 훨씬 효과가 좋다. 책을 읽으며 차 한잔을 하고 있으면 그 시간이 참으로 행복할 수 없다. 누구도 나를 방해할 수 없는 특별한 나만의 시간을 온전히 즐긴다. 1시간 타이머를 맞추고 책을 읽는다. 이때는 핸드폰도, 노트북도 모두 보지 않고 책에만 집중한다.

나는 한 권의 책을 꼬박 1시간 동안 앉아서 읽기가 힘들다. 왠지 모르는 지루함이 밀려온다고나 할까, 다른 책도 읽어보고 싶은 호기심 또한 발동한 것이리라. 그래서 지루함이 들거나 졸릴 때 미련 없이 다른 책으로 바꿔서 읽는다. 내가 아침에 일어나서 읽는 책이 정해져 있다. 달력형으로 하루 한 페이지씩 그 날짜에 해당하는 글을 읽는《하루공부 365》,《영감달력》,《데일리 필로소피》이렇게 3권이다.

《하루공부 365》는 데스크에 올려두는 스프링 일력 형태로 되어 있고,《영감달력》과《데일리 필로소피》는 책으로 되어 있다. 한 페이지가 얼마나 큰 효과가 있냐고 되물을 수 있겠지만, 생각보다 한 페이지의 위력은 크다.

3권을 한 페이지씩 다 읽고 생각하는데 약 15분~20분 정도 걸린다. 이 시간을 타이머로 맞춰놓고 읽으면서 펜이나 샤프로 오늘 날짜에 내 생각을 적는다. 내년에도 내후년에도 한 번 더 읽으면서 당시 나의 생각을 파악해 보고, 변한 내 상태나 상황에 맞춰 그때의 생각을 작성하고 싶기 때문이다. 현재 이 글을 읽고 매일 동기부여, 카피라이팅, 철학 글 한 페이지씩을 읽어보고 싶어졌다면 우선 한 권씩 읽어보기를 추천한다. 3권을 한 번에 다 읽는 게 생각보다 힘들 수도 있으니 한 권씩 텀을 두며 시도해 보자.

한 페이지 독서를 하고 나면 현재 읽고 있는 책들을 병렬 독서한다. 이 병렬 독서는 고명환 님의 '10쪽 독서법'에서 아이디어를 얻어 시작하게 된 방법인데 무척 간단하다. 한 책당 10쪽씩 읽는다는 개념으로 시간은 조금 오래 걸릴 수 있지만 벽돌 책도 읽을 수 있다. 각 책이 주는 인사이트를 한 번에 읽으면 그 지식이 시너지 효과를 낼 수 있다는 장점도 있다. 독서 모임으로 인해 읽어야 할 기한이 정해진 책은 병렬 독서 후에 읽는다. 보통 새벽 시간에 많으면 4권, 적으면 2권의 병렬 독서를 한다. 이렇게 읽으면 책의 내용이 뒤죽박죽되어 기억에 남지 않을까 걱정할 수 있다. 재미있게도 우리의 뇌는 생각보다 꽤 많은 것을 기억한다. 지식의 시너지도 상당히 큰 편이니 시도해 볼 만하다. 독서에 흠뻑 몰입하고 난 후 새벽 6시 액션 독서 멤버분들을 만나 이를 나눈다.

이 시너지의 힘을 믿고 독서해 보길 바란다. 만약 어떤 한 측면에서 책을 통해 고민을 해결하고 싶을 때는 해당 종류의 책을 여러

권 읽는 게 좋다. 그렇지 않다면 이것저것 다른 장르의 책을 읽어보자. 내가 하고자 하는 일과 전혀 관련이 없는 철학, 미술 등의 책도 함께 읽어보자. 신기하게도 잡생각이 사라지며 완전히 새로운 아이디어가 생기기도 한다.

한때 내 퍼스널 브랜드를 어떤 방향으로 갖고 가야 할지 고민하던 시기가 있었다. 그때 우연히 읽은 육아서에서 답을 찾았다. 그 책에서 육아를 하면서 아이를 잘 아는 것도 중요하지만, 나의 '내면 아이'를 확인하고 그 아이를 응원하며 아이와 나를 함께 키워야 한다는 구절에서 내 머리를 쳤다.

나는 엄마로서가 아닌 김세인으로서의 퍼스널 브랜딩만 생각했는데 책에서는 '엄마가 반드시 포함되어야 한다'는 것이다. 엄마가 됨으로써 '나 자신'을 더 잘 돌아보게 되고, 엄마이자 나를 찾아야 한다는 것. 그 책을 읽고 한참 동안 나 자신, 엄마로서의 나, 자식으로서의 나를 찾는 탐색의 시간을 가졌다. 그렇게 찾은 것이 지금의 '엄마 실행 멘토'다. 가장 가까이 내 브랜드의 정체성이 있었는데 멀리서 찾고 있었던 것이다. 브랜드를 찾는다고 해서 '브랜드 책'에만 답이 있는 것은 아니다. 전혀 관계없는 육아서나 역사책, 요리책, 소설책에서도 찾을 수 있다. 그러니 한 가지 종류의 책만 고집하지 말고 다양한 분야의 책을 통해 시야를 확장하기를 바란다.

따뜻한 차 한잔과 함께하는 독서는 내 삶의 본질적 의미를 찾아가는 하나의 여정이다. 이 여정을 통해 앞으로 살아갈 방법과 아이디어를 얻는다. 지루함을 곧 잘 느끼거나 조금 다른 독서를 해보고 싶거나 아이디어 기획을 더 잘하고 싶다면 병렬 독서를 해보자. 모닝 독서는 나를 더 큰 세상으로 나아갈 수 있게 하는 든든한 친구가 될 것이다.

10

새벽을 달리는 시간

현재까지 여러 번 새벽 달리기를 언급해 왔는데, 이번에 구체적으로 달리기를 통한 변화를 이야기해 볼까 한다.

1) 새벽 러닝을 통해 내 평생의 꿈을 찾았다

새벽 5시 30분. 책에 푹 빠져 읽고 있는데 띠리링! 하고 타이머 알람이 울린다. 읽던 책을 내려놓고 5초 안에 반사적으로 일어나서 운동복으로 갈아입고 뛰러 나갈 준비를 한다. 뭉그적거리면 한없이 시간이 지나서 결국 운동을 하지 않기 때문이다. 내 첫 러닝 시작일은 22년 10월 26일이었다. 퇴사를 한 달 앞둔 시점, 블로그를 활용해 무엇인가 해보겠다고 생각했지만, 마음속 방향이 정리가 되지 않았다. 그때 무작정 달리기 시작했다. 10월 말의 날씨는 생각보다 쌀쌀해지고 있었다. 11월이 됐을 때 본격적으로 러닝 크루를 만들어 매일 30분씩 8주 동안 달렸다. 여느 때와 다름없이 독서 후 달리기를 하고 상쾌한 기분으로 집으로 걸어오는 길이었다. 갑자기 한 생각이 내 마음에 픽- 하고 꽂혔다.

'나도 나와 비슷한 엄마들이 자신들의 삶을 의미 있게 살 수 있도록 돕고 싶다.' 어쩔 수 없이 경력 단절이 된 엄마, 아이를 봐줄 사람이 없어서 일을 그만둔 엄마, 무언가 내 것을 하고 싶은 엄마…. 나도 그런 엄마였기에 엄마들 마음을 충분히 이해할 수 있었고 그들을 돕고 싶었다. 그 생각의 불씨 하나가 '엄마 실행 멘토'의 첫 시발점이 되었다.

이 이야기를 우리 엄브님들한테 말씀드리면, 어떻게 뛰고 나서 그런 생각이 들 수 있냐고 되묻는다. 참 신기하게도 나의 카드뉴스 아이디어, 협업 아이디어는 모두 달리기에서 나왔다고 해도 과언이 아니다. 뛰는 그 순간에는 정말 힘들어서 아무 생각도 나지 않다가 뛰고 나서 집에오는 길에 무한한 아이디어가 샘솟는다. 나와 결이 비슷한 엄마가 본능적으로 생각나고 그 사람을 꼭 만나야 되겠다는 생각이 들어 바로 행동으로 옮기기도 했다. 내 느낌은 틀리지 않았고 여러 1인 엄마 사업가들과의 협업으로 더 많은 성장을 할 수 있었다.

많은 사람이 샤워를 하거나 화장실에 있을 때 갑자기 아이디어가 떠오른다고 한다. 나는 뛰고 오는 그 길, 샤워하는 그 시간에 가장 두뇌 회전이 잘 된다. 내 평생 꿈을 찾게 해준 러닝, 달리기에 필요한 것은 오직 세 가지뿐이다. 러닝화와 간편한 트레이닝복 그리고 뛰고자 하는 마음이다. 오직 그것만 있다면 어디든 달리면 그만이다. 새벽 시간에 뭐부터 해야 할지 모르겠다면 달리기를 추천한다. 일단 시작하면 그 성취감으로 뭐든 할 수 있다.

2) 뛰기 전엔 미친 듯이 뛰기 싫다가, 뛰고 나면 미친 듯이 행복한 '러닝' 너란 아이

달리기를 하다가 마라톤에 빠져 뛰기 시작했다. 아직 초보라 풀 마라톤은 무리이기에 일단 10km로 시작했다. 10km도 쉽지 않았다. 그날도 마라톤 대회를 나가던 참이었다. 러닝 크루와 함께 달렸는데 어찌나 힘들던지 헉헉거리며 숨을 몰아쉬었다. 대회가 끝난 주는 힘들어서 다른 일에 지장을 주기도 했다. 달리기를 사랑하고, 마라톤도 너무나 하고 싶지만, 이럴 때마다 '내가 너무 무리했나?'라는 생각이 들었다. 그때 엄청난 위로를 받은 적이 있다. 난 이제 고작 10km 마라톤만 출전해 본 초보이지만, 풀 마라톤을 뛰는 전문 선수들도 풀 마라톤 거리를 뛰는 그 순간 포기하고 싶은 유혹들이 상당히 많다는 것이다. 아무리 많은 풀 마라톤을 뛰었어도 매번 뛰는 순간이 다르고, 매번 힘들다는 말을 듣고 용기가 생겼다. "아,

나만 그런 게 아니라 전문 선수들도 그럴 수 있는 거구나." 괜한 동질감이 들면서 위로를 받았다.

나는 지금도 여전히 새벽 러닝을 하러 현관문까지 가는 순간이 제일 싫고 힘들다. 신발을 신고 밖을 나서는 그 순간까지 10번을 넘게 오늘 쉴까를 고민한다. 일단 문밖을 나서서 새벽 공기를 마시며 5분 정도 뛰면 생각이 달라진다. 집에만 있었다면 보지 못했을 아름다운 광경들을 만나며 잘 나왔다 싶다. 새벽에 아름답게 흩뿌리는 눈꽃들, 새벽마다 다른 계절의 냄새들, 어스름하게 올라오는 해돋이, 같은 시간 뛰는 익숙한 사람들의 얼굴, 그 모든 것 하나하나가 하루를 시작하는 선물이다. 누군가는 이불 속에 있으면 따뜻한 온기를 느끼며 행복하다고 할 것이다. 맞다. 그 또한 행복이다. 하지만 뛰면서 보는 광경들, 다 뛰고 느껴지는 그 성취감은 이루 말할 수 없는 행복을 준다. 계절을 온전히 느끼면서 나를 사랑할 수 있는 것은 달리기가 최고다.

3) 모든 것을 다 해도 6시 30분이라고?

새벽 4시 30분에 일어나서 확언, 어제 하루 동안의 피드백, 독서, 책 읽기의 시간 후 5시 30분~6시 30분 동안 러닝을 하면 6시 30분이다. 나는 이미 확언도 적고, 5분 저널도 썼고 어제 어떻게 지냈는지 내 시간에 관한 피드백도 하고, 1시간 동안 독서를 했으며, 아침 러닝까지 다 했는데도 시간은 6시 30분이다. 다른 사람들보다 하루를 일찍 시작하는 것의 힘 그리고 나를 사랑할 수 있는 그 시간의 힘을 알았으면 좋겠다. 하루 2시간이라도 아무도 방해하지 않는 그 시간을 가져보고 느껴본 사람은 그 시간을 절대 포기하지 못한다. 내 하루를 3일처럼 쓰는 마법, 새벽 기상. 그리고 내 몸의 소리를 듣고 운동하는 습관인 러닝을 함께 한다면 시간도 아끼고 나를 돌아볼 수 있는 시간도 가질 수 있을 거라 확신한다.

이 책을 읽는 엄마들은 아이가 너무 어려서 수유해야 하는 상황을 제외하고는 꼭 엄마 자신을 위한 퀄리티 타임을 가지기를 바란다. 여유가 된다면 달리기도 꼭 해봤으면 한다. 자신감과 자부심을 더불어 건강과 체력까지 모두 얻을 수 있다.

4) 새벽 러닝 후 더 높은 목표를 이뤄냈다

혼자 하면 힘들어도 함께 하면 되는 기적 같은 스토리, 마라톤. 23년 3월 동아 마라톤 10km에 도전했다. 처음 달리기를 시작하면서 혼자 마라톤까지 준비할 자신이 없었다. 그래서 러닝 크루를 모집했던 것이다. 한 분만 오셔도 좋다고 생각했는데 나를 포함해서 총 7분이 모였다. 11월 시작하면서 정말 성실하게 시작했고, 새해가 지난 2월 정도가 되었을 때는 러닝을 하는 둥 마는 둥 지나가는 날들도 있었다. 나는 참여한 모든 분이 완주할 수 있도록 돕고 싶었다. 어떻게 하면 끌어줄 수 있을까 고민하다가 결국 이 모임을 만든 내가 먼저 본보기가 되어야겠다고 생각했다.

러닝을 시작한 지 1달 정도 지난 무렵의 그날은 정말 추웠다. 영하 17도까지 내려갔다. 하지만 그게 첫날이건, 몇째 날이던 상관이 없었다. 그냥 무작정 뛰었다. 다 뛰고 나니 머리카락이 얼고 모자도 얼고, 심지어 속눈썹까지 얼었다. 추우면서도 내 모습이 웃겨서 한참을 웃었다. 그 영상을 러닝 크루분들께 공유하면서 그들이 함께 뛸 수 있도록 독려했다.

드디어 대망의 서울 동아 마라톤 당일! 부푼 마음을 가지고 일찍부터 준비해서 도착했다. 10km 마라톤 참여하기 일주일 전이 되어서야 10km를 온전히 내 마음을 다해 처음이자 마지막으로 뛰었다. 완주하고 나서 왈칵 눈물이 났다. 내가 오롯이 혼자 이뤄낸 마라톤이었기 때문이다. 한 번 완주하고 나니 자신감이 붙었다. 바로 다음 마라톤 대회에도 출전 신청서를 냈고, 용인 마라톤도 크루들과 완주했다. 작은 성공의 경험이 쌓일수록 자기 효능감은 커지고 더 크게 성장한다. 그렇기에 당당하게 말할 수 있다. 삶에 있어서 가장 중요한 두 가지는 바로 독서와 운동이다.

지금까지 내 이야기를 듣고도 러닝을 고민하는 사람이 있을 것 같다. 체중이 지나치게 나가서, 운동을 하는 것이 몸에 무리가 되는 사람은 걷기를 먼저 시작하고, 그렇지 않다면 꼭 한번 러닝을 해보라고 추천하고 싶다.

나 자신을 사랑하고 더 알고 싶은가? 내 새벽 시간을 좀 더 알차게 쓰고 싶은가? 그렇다면 달리기를 꼭 해보자. 내 몸이 보내는 밝은 세로토닌 에너지를 온전히 느끼며 좀 더 발전하려 해보자. 지금도 충분히 잘하고 있지만, 이런 세세한 부분들을 고민하며 보완해 멋지게 성장하자.

'엄마'라는 브랜드로 사는 법
(실천 편)

Chapter 1.
나의 꿈을
찾아라

이키가이 정신으로 알아보는 나의 꿈

이불을 뻥! 차고 나올 수 있는 삶의 보람이라고도 불리는 '이키가이 정신'은, 내가 좋아하고 존경하는 드로우앤드류 님의 《럭키 드로우》에서도 소개된 내용이기도 하다. 이키가이生き甲斐, Ikigai란 삶의 이유를 뜻하는 일본어다. 이키가이는 내가 좋아하는 것, 내가 잘하는 것, 돈이 되는 것, 세상이 필요한 것 총 네 가지로 나뉜다. 이네 가지 종류가 모두 합쳐서 하나의 공통점을 이룰 때 그것이 그 사람의 이키가이, 즉 삶의 보람이 되고 아침에 눈 뜨고 일하러 가는 것을 행복하게 해준다. 나는 이 이키가이 정신을 나의 엄브디 강의 커리큘럼에도 넣어서 더 자세히 이해할 수 있도록 도왔다. 좀 더 이해를 돕기 위해 나를 예시로 들어본다.

[엄마실행멘토 바로세인의 이키가이 정신]

1. 내가 좋아하는 것 :
내가 좋아하는 일은 사람들을 만나고 소통하는 것, 도와주는 것, 좋아하는 일을 할 수 있도록 이끌어 주는 것, 도움이 되는 일을 하는 것, 나로 인해 누군가의 인생이 바뀌는 것이다.

2. 내가 잘하는 것 :
내가 잘하는 일은 사람들에게 새로운 것을 알려주는 것, 만나고 소통하는 것, 도와주는 것, 꾸준하게 해 나가는 것, 새로운 일을 기획하고 실행하는 것, 내가 하는 일에 대해 책임을 정확하게 지려는 것이다.

3. 돈이 되는 것 :
돈을 벌 수 있는 일은 다음과 같다. 엄마의 브랜드를 코칭하는 일, 강의, 모임 기획, 교육, 동기부여 강연, 전자책 판매, 협업 강의, 제품 생산 및 판매가 있다.

4. 세상이 필요로 하는 것 :
사람들은 결국 돈을 벌고 그 돈으로 하고 싶은 일을 하고, 갖고 싶은 것을 사고, 먹고 싶은 것을 먹는다. 즉 사람들이 돈 버는 법을 알려주는 것, 좋아하는 일로 먹고 사는 법, 방향성을 잃고 방황하는 사람들의 방향성을 찾아주는 것, 누군가의 인생을 값지게 만드는 일, 동기부여로 살아갈 힘을 주는 것이 있다.

나는 너무나 감사하게도 내가 좋아하는 일을 현재 하고 있다. 지금 당신은 당신만의 이키가이가 있는가? 있다면 무엇인가? 나만의 이키가이 요소 네 가지를 직접 적고 방향을 잡아보자.

돈이 되는 일을 모르겠다면 오픈마켓, 크몽, 클래스 101과 같은 플랫폼에 관련 주제 강의 여부를 확인해 보자. 누군가가 강의로 만들었고 그 강의를 소비하는 사람이 있다는 것은 '돈이 되는 일'이라는 것이다. 내가 하고 싶은 분야를 잘하고 있는 사람이 있다면, 그 사람이 어떤 것으로 수익화하고 있는지도 살펴보자. 꼼꼼히 분석하고 나에게 적용할 점을 찾아야 차별화할 수 있다.

벤치마킹도 스마트하게 하자. 어떤 식으로 판매하는지, 그들의 플랫폼은 무엇인지도 분석하자. 그리고 어떻게 하면 나만의 색깔, 차별성을 더해 나만의 것으로 소화할지 생각하자. '나만의 한 스푼'을 얹는 것, 그 차이가 표절이 되느냐 창조가 되느냐로 나뉘게 된다는 것을 잊지 말자. 무엇인가를 손으로 직접 적고 생각하며 눈으로 확인하는 것과 타이핑으로 보는 것은 큰 차이가 있다. 일단 적어보자.

당신의 가슴을 뛰게 하는 그 무엇인가를 아직 찾지 못했다면 내 안의 목소리를 들어야 할 때다. 분명 그 누구도 답을 내려줄 수 없는 내가 가진 적성은 반드시 있다. 아직 그걸 찾지 못했을 뿐이다. 그러므로 답을 찾으려 치열하게 노력하자. 궁금한 것이 있다면 기꺼이 경험해 보길 바란다. 경험에 사용하는 비용을 아깝게 생각하지 말자. 그 비용이 없었다면 그 일이 나에게 맞는지조차 알 수 없다. 지불해야 하는 비용은 기꺼이 내며, 나만의 것을 찾으려는 충분한 노력을 하자.

무엇이 당신을 설레게 하는가? 분명 하고 싶은 일이 있음에도 '나는 할 수 없는 것'이라고 생각하며 포기하진 않았는가? 답은 반드시 자신이 알고 있다. 그것을 생각하고 찾으려 최선을 다하자. 아침에 눈을 뜰 때 그 자체만으로 행복해지는 일을 찾고 싶다면, 아래의 시를 선물한다. 내가 제일 좋아하는 시다. 읽고 답을 찾기 위해 노력하는 당신의 가슴이 두근거리길 진심으로 바란다.

〈인생의 시와 같은 것〉

구본형

누군가 내게 물었다
다시 젊음으로 되돌아가고 싶은가?
나는 대답한다
아니다

아무것도 아니었던 시절,
방황과 고뇌의 시절로
나는 다시 돌아가지 않을 것이라고 말한다
그러나 내 속마음은 갈 수 있다면
검은 머리가 갈귀처럼 날리던
그 시절을 마다하지 않을 것이다

그때는 고뇌가 고뇌가 아니었고
가난이 가난이 아니었고
어떤 훌륭한 사람도 될 수 있었기에
내가 꽃이었던 그곳을 거부하지 않을 것이다

만일 내가 그곳으로 되돌아간다면
나는 다음과 같은 주술을 부적처럼 가지고 갈 것이다
내가 만일 다시 젊음으로 되돌아간다면
겨우 시키는 일을 하며 늙지는 않을 것이니
아침에 일어나 하고 싶은 일을 하는 사람이 되어
천둥처럼 내 자신에게 놀라워하리라

신은 깊은 곳에 나를 숨겨두었으니
헤매며 나를 찾을 수밖에
그러나 신도 들킬 때가 있어
신이 감추어 둔 나를 찾는 날
나는 승리하리라
'이 세상에서 내가 가장 잘 할 수 있는 일은 무엇인가?'
이것이 가장 훌륭한 질문이니
하늘에 묻고 세상에 묻고 가슴에 물어 길을 찾으면
억지로 일하지 않을 자유를 평생 얻게 되나니

길이 보이거든 사자의 입속으로 머리를 처넣듯
용감하게 그 길로 돌진하여 의심을 깨뜨리고
길이 안 보이거든 조용히 주어진 일을 할 뿐

신이 나를 어디다 데려다 놓든

그곳이 바로 내가 있어야 할 곳

위대함은 무엇을 하느냐에 달려있는 것이 아니며

무엇을 하든 그것에 사랑을 쏟는 일이니

내 길을 찾기 전에 한참을 기다려야 할지도 모른다

천 번의 헛된 시도를 하게 되더라도

천 한 번의 용기로 맞서리니

그리하여 내 가슴의 땅

가장 단단한 곳에 기둥을 박아

평생 쓰러지지 않는 집을 짓고

지금 살아 있음에

눈물로 매 순간 감사하나니

이 떨림들이 모여 삶이 되는 것

아, 그때 나는 꿈을 이루게 되리니

인생은 시와 같은 것

낮에도 꿈을 꾸는 자는

시처럼 살게 되리니

인생은 꿈으로 지어진

한 편의 시

출처: 구본형 변화경영연구소, 구본형 칼럼

잘하는 것, 좋아하는 것, 잘할 수 있는 것을 집요하게 적어보자

"좋아하고 잘하는 일 찾아서 발전시키면서 멋지게 성장해 봐요!" 엄브디 기초 과정, 코칭 과정을 진행하면서 늘 강조하며 용기를 드리는 말이다. 사람들은 생각보다 자신이 무엇을 잘하고 좋아하는지 잘 모른다. 잘하는 것 중에서도 지금 진짜 잘할 수 있는 것들이 무엇인지 잘 알지 못한다.

잘하는 것인데 좋아하지 않을 수도 있고, 좋아하는 것인데 잘 못할 수도 있다. 그럴 때는 잘하는 것을 먼저 해 보라고 제안한다. 나는 엄마들이 회사에 다니거나 경제적 활동을 하면서 받는 월급 말고, 자신이 좋아하는 일로 스스로를 브랜딩해서 단돈 만 원이라도 내 힘으로 벌 수 있다는 것을 느껴봤으면 좋겠다. 그것이 작은 강연이 되었든, 챌린지가 되었든 형태는 상관이 없다. 온전히 '나'라는 이름을 걸고 자기 힘으로 첫 시작을 하라고 권하고 싶다.

물론 자신이 뭘 잘하는지, 뭘 해야 할지 모르는 사람들에게는 그조차도 사치다. 그런 경우에는 먼저 스스로에게 질문하면서 내가 잘하는 것, 좋아하는 것, 잘할 수 있는 것을 적어보아야 한다. 따뜻한 방에서 귤 까먹는 것이어도 좋고, 가족들과 여행 가는 것이어도 좋다. 일단 내가 좋아하는 것을 나열해 보는 것이다. 단, 이때 꼭 생각해야 할 것이 있다. 누군가가 나에게 엄청 잘한다고 칭찬해 준 것, '나는 잘하는데 왜 저 사람은 못 하지?'하며 답답했던 것, 나도 모르게 상대방에게 오지랖을 부리면서 알려줬던 것을 생각하며 적어야 한다.

나는 문서 정리를 잘하고, 사람들에게 쉽게 말을 걸고 친해질 수 있는 능력을 갖추고 있다. 모임 자리를 만들고 기획하는 것도 잘한다. 이런 것들은 내가 스스로 찾아낸 것이 아닌, 주변 지인들에게 들은 얘기다. 주변에서 잘한다는 것들을 토대로 내가 잘하면서 좋아하는 일을 객관화했고, 명확한 글로 표현하니 내 '꿈'이자 '사업' 거리가 되었다.

당신이 잘하는 것은 무엇인가? 또 좋아하는 것은 무엇인가? 그 두 가지 요소가 겹치는 일이 무엇인지 차근차근 살펴보자. 잘하면서 좋아하면 그야말로 어마어마한 'Talent(능력)'이다. 벤다이어그램에 그려보면 겹치는 것을 찾아보기 더욱 쉽다. "나는 어떤 걸 할 때 행복할까?" 스스로에게 질문해 보자.

[김세인의 이키가이]

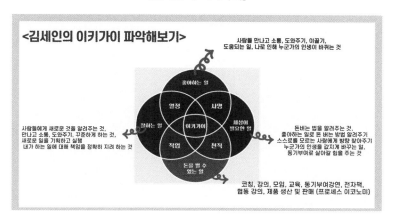

위의 사진은 내가 그린 벤다이어그램이다. 이렇게 적다 보면 겹치는 부분이 생기는데, 이는 좋아하고 잘하면서 돈이 되는 일이다. 외향적인 사람이라면 강의를 한다거나 여러 사람을 가르치는 일을 할 수도 있다. 내향적인 사람은 1:1로 컨설팅을 하거나, 재택근무를 하면서 온라인상에서 일할 수도 있다. 그 사람이 가진 특성에 따라 할 수 있는 일은 다양하게 나뉠 수 있다. 정말 모르겠다면 친한 친구들에게 물어보자. 내가 좋아하는 일을 찾아서 하고 싶은데 어떤 일이 맞는 것 같은지 말이다. 진지하게 묻는다면 진심으로 대답해 줄 것이다. 그 답변들을 살피며 나의 방향성을 생각해 보자.

당신의 페르소나는 무엇인가?

페르소나라는 표현에 대해 한 번쯤 들어봤을 거라고 생각한다. 페르소나는 '독립된 인격적 실체'라는 뜻으로 본래 캐릭터와 부수적인 캐릭터처럼 의미가 다른 것을 뜻한다. 내가 강조하고 싶은 페르소나의 개념은 '나'와 '고객' 이렇게 두 가지로 나눠볼 수 있다.

첫 번째는 '나의 페르소나'다. 여기에서 또 세 가지 질문으로 이 부분을 대신할 수 있다. 나의 예시를 표로 설명한다면 다음과 같다.

(페르소나) 2024년 나는 누구인가?	나는 '실행'을 통해 평범한 엄마에서 사업가로 성장한다.
(목적) 2024년 나는 무엇을 하는가?	나는 작은 것부터 실행해 나 자신을 바꾸는 것에서 시작해 엄마들의 브랜딩을 도와 올바른 맞벌이를 돕는다.

(콘텐츠) 2024년 나는 그 일을 어떻게 하는가?	내 일을 통해 일어나는 모든 일을 콘텐츠로 공유하며 함께 성장한다. 그 일로 더욱 내 브랜딩은 단단해진다.

'무엇을 하는가?'에 대해서는 목적이 나타나는 질문이다. 성장해 나가고 싶은 사람으로서 책에서 답을 찾으려 노력하며 그것이 맞다고 생각된다면 용감하게 도전해 보는 것이다. 실패하기도 하고 성공하기도 하는 과정들은 성장하는 데 필요한 법이다.

'어떻게 하는가?'는 결국 HOW에 대한 답이며 콘텐츠가 될 수 있다. 내가 알게 된 것이 '1'이 되었을 때는 '0'에 나누어주고, '2'가 되었을 때는 '1'에 나누어 주라는 생각으로 강의를 진행했다. 강의에서 시작한 작은 일은 한 번의 컨설팅으로 바뀔 수 있게 되었고, 오프라인 강의로도 이어질 수 있었다. 새로운 일에 도전하고자 하는 태도는 이 1, 2, 3번이 모두 명확하게 정리가 되었을 때 가능했다. "어떤 사람이 되고 싶은가?" 나의 페르소나는 그 누구도 정해줄 수 있는 것이 아니다. 오직 나만이 그 답을 알아낼 수 있을 것이다. 그 '답'을 찾아 목적을 가진 콘텐츠로 꾸준히 나의 과정을 알리는 일이 반드시 필요하다.

이것이 내가 처음으로 알리고자 했던 '나의 페르소나'다. 페르소나에 대한 내용은 드로우앤드류 님의 유튜브 콘텐츠를 참고해서 정리했음을 밝힌다(해당 내용은 130p QR코드를 통해 확인할 수 있다).

두 번째는 '고객의 페르소나'다. 나는 어떤 고
객을 위해 일할 것인가가 정해져 있어야 한다.
나는 러닝을 하면서 나의 꿈을 찾았다. 아무것도
몰랐지만 그저 '엄마들'에게 도움이 되는 사람이
되고 싶었다. 그들을 도우려면 어떻게 할 수 있을까를 고민했다. 여
기서 중요한 것은 페르소나를 자세히 정리해 보는 것이다. 나의 고
객은 어떤 사람인지를 구체화해 보자. 정리해 보면 다음 다섯 가지
로 나눠서 생각해 볼 수 있다.

1) 연령대는 어떻게 되는가?

2) 어떤 환경에서 현재 지내고 있는가? 과거의 상처는 혹시 없는지?

3) 현재의 고민, 문제점은 무엇인가?

4) 어떤 관심사를 두고 있는가?

5) 여성? 남성?

내가 처음 잡았던 페르소나를 정리하면 다음과 같다.

1) 34세, 딸아이 1명을 둔 중소기업 대리 김나희 씨

2) 일을 다니고 있지만 남편과 아이를 돌보는 문제로 부딪힘

3) 시댁에 맡기지 않고 스스로 아이를 돌보고 싶지만, 남편 벌이로는 돈이 감당

이 안 됨.

4) 일 다녀오면 또다시 집으로 출근. 집에서도 일하며 가계에 도움이 될 수 없을까?

5) 여성

이 타깃 고객의 고민은 나의 일을 하면서 내 돈을 벌어보고 싶다는 것이다. 일을 그만두기엔 남편 벌이만으로는 여전히 빠듯할 것이다. 늘 생각해야 할 포인트는 고객이 어떤 문제를 가지고 있는가도 중요하지만, 가장 중요한 것은 결국 이거였다.

'어떻게 하면 내 고객이 조금 더 행복할까?'

'어떻게 하면 내 고객이 일과 육아를 잘 양립해 나갈 수 있을까?'

고객의 입장에서 생각했을 때 어떤 점들이 어려울지를 항상 생각해 보고, 머릿속에 있는 생각들을 꺼낼 수 있게 하는 것이 중요하다. 여기까지 페르소나에 대한 개념이 모두 정리되었다면, 이제 내 고객의 페르소나를 정해볼 시간이다.

여러분의 '나의 브랜딩 페르소나' 그리고 '고객 페르소나'는 어떤가? 이 두 가지 개념을 정확히 파악하고 어떤 페르소나를 갖출지에 대한 고민도 반드시 필요함을 깨달았을 것이다. 이제 플래너를 꺼내 두 가지의 페르소나를 명확하게 정리해 보자.

나의 브랜딩 페르소나
1)
2)
3)

고객 페르소나
1) 연령대
2) 환경
3) 현재 고민이나 문제점
4) 관심사
5) 성별

당신은 누구를 위해 일할 것인가?

"당신은 누구를 위해 일할 것인가?" 이 질문이 조금 막연하다고 생각될 수 있다. 그리고 누구나 말하는 '또! 기버 마인드인가?'라고 생각할 수도 있다. 무엇을 주라는 뜻이 아니다. '타깃'을 정하라는 말이다. '누구를 위해'는 내가 판매할 상품의 타깃을 말한다. 타깃이 명확해야 방향성이 정해진다.

앞서 이야기했던 타깃 페르소나와도 일맥상통하는 내용이지만, '누구를 위해 가치를 줄 것인가?'는 더 넓은 의미로 해석될 수 있다. 타깃 페르소나가 명확하게 정해졌다면 그다음 단계는 커뮤니티로 나를 좋아하는 사람들을 계속해서 만나고 그들을 모으는 것이다. 다음은 미래를 사는 시간 '미사시'의 새벽거인 님의 커뮤니티 운영 육하원칙이다. 함께 따라가 보자.

1) **WHAT** – 내가 가진 강점, 콘텐츠는 무엇인가? 내가 나눌 수 있는 것은 무엇인가?

2) **WHO** – 누구를 대상으로?

3) **WHY** – 왜 커뮤니티를 운영하는가? 왜 나의 찐팬을 만들려 하는가?

4) **HOW** – 어떤 방식으로 운영할 것인가?

5) **WHEN** – 공지하고 소통하는 시간은 언제인가?

6) **WHERE** – 커뮤니티의 장소는 어디로 할 것인지? (온/오프)

내 타깃 페르소나는 정해져 있었지만 얼마 전 새벽거인 님과 함께하는 단단한 커뮤니티 노하우를 공부한 후 더욱 확고하게 정리해 나갈 수 있었다. 나는 지속적으로 가치를 공유함으로써 나의 강의력을 상승시키고, 이로 하여금 더 많은 엄마 사업가, 강사를 배출하는 것이 목표였다. 그래서 더 많은 분을 만나려 했다. 이전에는 '이렇게 사람들 만날 시간에 더 열심히 일하고 수익화해야 하지 않나?'라는 생각도 이따금 들었다. 그런데 명확해지고 나니 '사람들 만나는 게 곧 수익화'라는 공식으로 바뀌어, 이제는 너무나도 즐겁게 만나고 있다.

항상 일을 하면서 중요하게 여겨야 할 점은 '본질'이다. 엄마들을 자립, 성장하게 하면서 내가 하고 싶은 것은 결국 '한 사람의 인생을 바꾸는 여정'을 함께하는 것이다. 엄마와 아이가 함께 성장하면 그 모습을 통해 아빠도 함께 노력하는 선순환 구조를 이루게 된다. 이런 가정이 많아진다면 국가 경제적으로도 이점이 될 것이라 생각한다. 자, 그럼 육하원칙에 대해 내 대답을 예시로 하여 여러분의 답을 적어보자.

1) WHAT

내가 가진 강점, 콘텐츠는 기획력이 좋고 디지털 툴을 익히는 속도가 빠르다는 것이다. 그 점을 통해 내가 배운 툴, 내가 배운 것들을 알려드릴 수 있다.

2) WHO

3040 육아맘, 워킹맘 혹은 나의 실행 인사이트를 좋아하는 분들을 대상으로 가능하다.

3) WHY

왜 이 커뮤니티를 운영할까에 대한 대답은 '비즈니스'였다. 내가 더 많은 가치를 드리고, 성장하는 모습을 보여드리면 '왠지 이 사람과 하고 싶어!'라고 느낄 수 있다고 생각했다. 무료 강의를 하는 것에서만 끝나는 것이 아닌 찐팬을 만들고 더 많은 분을 유입하고 싶었다.이런 생각 자체는 좋고, 좋지 않고를 떠나 리더의 성향이라고 볼 수 있다.

4) HOW

5, 6번에 대해서는 공지, 소통은 카카오톡 방에서 하고 커뮤니티 장소의 경우는 온라인으로 운영하고 있다. 오프라인으로도 종종 만나 뵙고 더 많은 소통을 하려고 한다.

당신은 누구를 위해 일할 것인지, 누구를 위한 일을 할 것인지 고민해 보자. 그리고 나의 성향을 내 커뮤니티에 어떻게 반영할지도 고민해 보자. 정확한 방향과 본질은 내 브랜드를 더욱 단단히 유지할 수 있는 힘이 된다. 그 점을 잊지 말고 반드시 고민하고 적는 시간을 가져보자. 브랜딩을 실행하며 성장하고 싶은 엄마라면 내가 운영하는 커뮤니티에서 함께 하자.

바로세인의 엄마브랜딩스쿨 커뮤니티 QR코드

1. WHAT : 내가 가진 강점, 콘텐츠는? 나눌 수 있는 것은?

2. WHO? : 누구를 대상으로?

3. WHY? : 왜 커뮤니티를 운영하는가? 왜 나의 찐팬을 만들려 하는가?

4. HOW? : 어떤 방식으로 운영할 것인가?

5. WHEN? : 공지하고 소통하는 시간은?

6. WHERE? : 커뮤니티의 장소는 어디로 할 것인지? (온 /오프)

I want to work for ___ (o)
I want to be a ____ (x)

TV 예능프로그램 〈집사부일체〉에서 박진영 프로듀서의 이야기는 내 생각을 180도 전환시키고, 머리를 한 대 맞은 것 같은 신선한 충격을 주었다. 그는 연예인이 되면서 자신의 인생 목표가 '20억을 버는 것'이었다고 한다. 그런데 20대 중반에 그 20억을 벌었다. 목표가 사라져 버린 것이다. 목표가 사라지니 무엇을 어찌해야 할지 몰라 그는 한참을 방황했고, 목표를 다시 설정했다. '가수로서 성공한 삶'에서 '가수라는 꿈을 가진 사람들에게 가치를 제공하고 돕는 것'으로 말이다. 결과는 어찌 되었을까? 모두 알다시피 현재 그 이상의 가치로 증명되고 있다.

사실 나는 연예인들의 삶, 그들의 생활에 정말 관심이 없었다. 그들이 사는 세상, 일명 '그사세'라고 생각했기 때문이었고, '무엇이든 자신들이 갖고 싶은 것은 다 갖지 않을까?'라는 시샘도 조금 포함되어 있었다. 그랬던 내 생각이 박진영 님의 이야기에 완전히 깨졌다. 그는 단순히 '연예인 기획자'를 넘어서, 사람의 본질을 끌어내 주었다. 자기 자신의 본질 또한 지키면서 말이다.

많은 사람이 "어떤 일을 하고 싶은가?"라는 질문에 가수, 연예인, 작가, 디자이너와 같은 직업을 말하곤 한다. 거기에 덧붙여서 '돈을 많이 벌 수 있는 일'을 하고 싶다고 답변한다. 내 생각은 조금 다르다. 돈은 물론 중요하다. 돈이 있다는 것은 내가 레버리지를 할 수 있는 능력과 내 시간을 더 옳은 곳에 쓸 수 있는 가치를 획득했다는 뜻이기 때문이다. 하지만 돈이 목표가 되어서는 안 된다.

'돈'이 목표가 아니라, '직업'이 목표가 아니라 '누군가'에게 가치를 주는 일을 하는 것이 중요하다고 생각한다. 어떤 일을 하든, 그 일로 인해 누군가에게 도움이 되고, 그들의 삶에 긍정적인 영향을 끼칠 수 있다면, 한 개인의 삶이 바뀌고 그것으로 또 다른 사람도 바뀔 수 있지 않을까? 그러면 돈은 자연스레 따라오게 된다. 여기서 전제는 '내가 하고 싶은 일'이어야 한다. 아무리 좋은 일이라고 해도 내가 하기 싫고, 힘든 일이라면 오래 지속할 수 없다.

이 글을 읽는 당신에게도 직업이 있을 것이다. 가정 주부, 프리랜서 강사, 영어 선생님, 일반 회사에 다니는 직장인 등. 현재 당신이 선택하고 속한 그 직업이 무엇이든, 나는 '누군가'에게 가치를 주는지를 생각해 보자. 그 삶의 의미를 찾기 위해서는 돈을 뛰어넘는 가치와 본질이 있다는 것을 잊지 말아야 한다.

그렇다면 도대체 '본질'은 무엇일까? 본디 가지고 있는 사물 자체의 성질이나 모습, 생명의 본질이다. 나는 1차원적으로 엄마의 브랜드를 실행하도록 돕는 사람이다. 하지만 그 외에도 많은 직업을 가지고 있다. 미리캔버스, 노션과 같은 디지털 툴을 가르쳐 주는 강사, 글을 쓰는 작가, 모임을 기획하고 실천하는 모임장, 독서 모임을 리드하는 리더, 컨설팅, 코칭을 돕는 사람, 커리어잇다의 오프라인 강사 데뷔 멘토 등이다. 이 수많은 직업 중 내 본질은 단 하나다. 바로 '엄마'라는 사람의 브랜드를 기획하고 만드는 그 모든 것을 뜻한다. 즉 어떤 직업을 갖기보다 누구에게 가치를 주고 싶은가에 집중한 답변이다.

엄마의 브랜드를 기획해 나가는 것에 있어 이 '누구'를 돕는지는 상당히 중요하다. 이것이 나의 가치가 되고 내가 그것을 증명하는 사람이 되기 때문이다. 그리고 그것이 증명되어 나타날 때 나의 가치 입증으로 인해 돈은 저절로 따라온다고 생각한다.

나의 메시지를 들어 줄 페르소나를 어떻게 도울지 생각해 보자.

그들이 원하는 것은 무엇일까? 내가 해줄 수 있는 것들을 적어 보는 시간을 가져보고 올바른 방향으로 가고 있는지도 자문해 보자. 이 일을 하는 목적, 내가 가치를 주어야 하는 주인공은 그 무엇보다도 중요한 'WHY'이며 본질이다.

I Want to work for _____

Chapter 2.
인스타그램으로
나를 브랜딩하는 법

SNS도 똑똑하게!
나만의 스토리로 무기를 만들어라

누구에게나 본인만이 가진 고유한 스토리가 있다. 그 스토리를 통해 나의 강점을 파악하고 그것을 SNS라는 소통 채널에 표현하면서 '나 브랜딩'을 해보자. 앞서 이야기했던 나의 페르소나에 적합한 이미지와 목표가 있을 것이다. 최대한 그 목표와 비슷한 이미지의 사진을 설정해서 표현해 보자. 롤 모델이 있다면 더 좋다. 나만의 스토리로 인스타그램 콘텐츠를 쌓아 나가자. 방법은 다음과 같다.

첫 번째, 가장 전문가스러운 프로필 사진을 찍자. 프로필은 나를 나타내는 하나의 이미지이자 브랜드다. 프로필 사진이 어둡거나 옆모습만 보인다거나 얼굴이 드러나지 않으면 사람들의 신뢰를 얻기 힘들다. 밝고, 내게 맞는 컬러를 배경으로 넣어 만든다면 훨씬 돋보이는 이미지를 얻을 수 있을 것이다.

두 번째, 내 소개 글을 쓰자. 나는 무슨 일을 하는 사람이고, 나를 팔로우하면 무엇을 얻어갈 수 있는지 명확히 드러날 수 있도록 소개 글을 써야 한다. 이때 소개 글은 300자 이내로 작성해야 하므로 짧고 명료하지만 확실하게 내 브랜드가 각인될 수 있도록 작성해야 한다. 자신의 아이덴티티가 엄마 요리사이고, 주요 콘텐츠는 10분 만에 뚝딱하는 레시피라고 하자. 프로필 사진은 깔끔하게 앞치마를 한 모습의 사진을 넣어서 누가 봐도 '엄마 요리사'라는 게 드러날 수 있어야 한다.

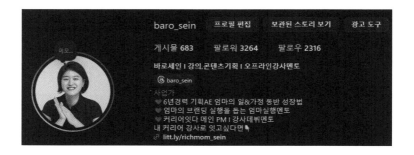

이렇게 프로필만 봐도 무엇을 하는 사람인지 드러나야 한다. 보통 팔로우를 할 때 이것저것 따지지 않는다. 딱 봤을 때 '내게 도움이 될 것 같다!'라는 생각이 들면 1초 만에 결정하고 클릭한다. 그 1초를 사로잡기 위해서는 프로필이 정말 중요하다.

세 번째, 프로필 인사말에 맞는 콘텐츠를 업로드 한다. 프로필에는 '엄마 요리사'라고 드러내놓고, 올리는 콘텐츠는 아이와 함께 여행 간 이야기만 있다면 이탈률만 증가할 것이다. 내 관심사가 아니기 때문이다. 내 주제에 맞는 일관성 있는 콘텐츠를 만들어 내는 것이 중요하다. 거기에 나만의 스토리, 나의 인생 스토리와 같은 그 누구도 가지지 못한 나만의 스토리를 한 스푼 추가하자. 나는 일과 가정 동반 성장하는 법, 강사 데뷔로 내 커리어 이어가는 법, 실행하는 비법 등을 콘텐츠로 만들고 있다. 실제로 내가 올린 콘텐츠를 보고 "공감해요", "세인쌤 정말 너무 멋있어요"라는 댓글이 달렸고, 내 단톡방으로 유입된다. 단톡방에서 진행하는 내 무료 강의와 전자책을 보고 유료 강의, 유료 컨설팅으로 이어지기도 한다.

인스타그램 사용 목적이 단순히 내 일기장처럼 활용하기 위함이라면 군이 프로필 인사말이나 콘텐츠를 통일할 필요는 없다. 하지만 제대로 브랜딩해서 수익화가 목표라면 어떤 콘텐츠를 올려서 내가 파는 상품으로 이어질 수 있게 할 것인지 전략적으로 고민하고 만들어야 한다.

잘 모르겠다면 일단 알고 있는 정보와 노하우를 공유하는 것부터 시작해도 좋다. 그렇게 하나씩 쌓아가다 보면 또 다른 단계로 올라갈 수 있을 것이다. 중요한 건 '실행'이다. 실행하지 않고 머릿속으로 'A를 하면 A가 되고, 그다음에 B로 이어지겠지?'라고 생각하는 것은 맞지 않는다. 실행해야 이게 맞는 길인지, 맞는 방법인지 알 수 있다. 실제로 성공한 많은 사람은 이런 실험을 통해 분석하고 더 좋은 전략을 세워 앞으로 나아갔다. 일단 내 주제에 맞는 콘텐츠부터 만들어 보자.

네 번째, 자신이 좋아하는 브랜드, 혹은 내가 가진 브랜드 메시지와 결이 맞는 인플루언서와 협업하자. 이를 통해 더 많은 사람과 소통해 나간다면 나만의 브랜드를 더 알리는 효과를 얻을 수 있을 것이다. 혼자는 빨리 갈 수 있지만, 함께라면 더 멀리 갈 수 있다. 그 무엇보다도 협업은 중요하다. 협찬, 강의, 강연 등의 협업을 제안하고 진행해 보자. 제안하기만큼 나를 빠르게 성장시키는 방법은 없다.

다섯 번째, 나의 브랜딩 방향, 전할 메시지를 기반으로 꾸준히 콘텐츠를 쌓아 나가자. 나의 메시지를 계속 던지고 나와 결이 맞는 사람들과 소통하고, 콘텐츠로서 가치를 주면 그 이상의 결과는 반드시 나타난다. 나의 콘텐츠로 내 타깃의 문제를 해결하고 동기부여를 통해 가치를 줄 수 있도록 하자.

이 다섯 가지 방법으로 인스타그램을 활용한 나만의 무기를 계속해서 만들어 나가자. 이는 진입장벽이 낮은 만큼 누구나 쉽게 브랜딩할 수 있는 공간이므로 잘 활용하자. 혹시 '나는 뭘 잘하는지 모르겠는걸?'이라고 생각하고 있는가? 답은 자기 자신 안에 있다. 챕터 1에서 내 꿈을 먼저 찾고, 그에 맞춰 페르소나를 정하는 것부터 시작해 보자. 나의 가치, 능력을 과소평가하지 말고, 잘 모른다면 '방향을 찾느라고 노력하고 있지만 아직은 잘 모르겠다'라고 피드에 표현하자. 방향을 찾는 과정을 보여주면서 성장하면 그 모습 자체를 응원하는 나만의 팬들이 생겨난다.

《프로세스 이코노미》(오바라 가즈히로 저/김용섭 해제/이정미 역, 인플루엔셜, 2022)라는 책에서는 "결과보다 과정을 보여주라"고 말한다. 사람들은 결과만 보면 '원래 잘하는 사람이니까', '저 사람이니까 가능한 거지'라고 생각하지만, 과정을 보여주면 '나도 할 수 있겠는걸?', '나도 해봐야겠어'라는 용기와 희망이 생긴다. 나는 엄마들에게 과정을 보여주며 '당신도 할 수 있다'는 용기와 희망을 주고 싶다.

그렇게 생긴 내 팬들과 함께 내 무기를 갈고 닦으며 브랜딩을 하면 된다. 그걸로 내 가치가 입증되기 때문이다. 나의 힘든 경험들을 바탕으로 콘텐츠에 내 색깔을 넣고 계속 나의 메시지를 전달하자. 나와 결이 맞는 사람들을 찾아 팔로우하고 진심 어린 DM 혹은 댓글로 소통하자. 하루 최소 20~25명으로 시작하자. 시작이 반이다.

◇ 02 ◇

클릭을 부르는 카드뉴스 만드는
다섯 가지 비법

인스타그램 콘텐츠에는 릴스(숏폼), 카드뉴스가 있다. 여기서는 카드뉴스에 대해 나눠보려 한다. 수많은 카드뉴스 중에서 내 글을 클릭하게 하려면 어떻게 해야 할까? 특히 숏폼에 익숙해져 더욱더 짧고, 빠르고, 강렬한 것을 원하는 현대인들의 눈길을 사로잡으려면 전략이 필요하다. 다른 카드뉴스와는 차별화되는 카드뉴스, 지나치지 않는 카드뉴스를 만들기 위해서는 어떻게 해야 할까? 함께 다섯 가지 방법을 알아보자.

첫 번째, 클릭을 부르는 제목으로 승부하자. 인스타그램 탐색 탭을 클릭 후 뜨는 카드뉴스, 릴스 콘텐츠를 확인하면 나도 모르게 클릭하게 되는 콘텐츠들이 있다. 그때 다음과 같이 생각해 보자.

'내가 이 콘텐츠를 왜 클릭했지? 어떤 부분이 나를 이끌었을까?' 이렇게 분석해 보는 것을 시작으로 해당 콘텐츠의 후킹 포인트를 파악해서 나에게도 적용해 보자.

예를 들어 썸네일 제목이 '당신이 절대 이렇게 살면 안 되는 이유 3가지'라고 할 때, 당신이 클릭한 이유는 '절대 ~하면 안 되는'이라는 문구 때문일 것이다. '왜 안 된다는 거지?'라며 사람들의 호기심을 불러일으키기 때문이다. 사람들은 긍정적인 단어보다 부정적인 단어에 끌린다. 여러분의 제목에도 '절대 ~안 되는', '절대 읽지 마세요', '~하면 안 되는 3가지 이유' 등을 넣어서 만들어 보자. 이때 반드시 숫자도 넣어준다. 명확한 숫자는 신뢰를 준다.

시중에 나와 있는 카피 관련 책을 참고하면 더 좋다.《무조건 팔리는 카피 단어장》,《보는 순간 사게 되는 1초 문구》,《150년 하버드 글쓰기 비법》을 추천한다. 인스타그램 썸네일 제목은 후킹 요소가 적절히 들어가 줘야 한다. 카피 관련 책과 글쓰기 책을 옆에 두고 끊임없는 연습이 필요하다. 조회수가 높은 콘텐츠를 참고해서 비슷하게 만들어 보는 연습도 좋은 방법이다.

두 번째, 썸네일 제목과 관련 있는 이미지를 사용하자. 디자인을 못 해도 좋다. 요즘 디자인을 쉽게 할 수 있도록 구성된 플랫폼이 꽤 많다. 대표적인 플랫폼으로 캔바, 미리캔버스가 있다. 무료로 사용할 수도 있고 퀄리티도 꽤 높다. 좀 더 많은 것을 사용하고 싶다면 유료로 결제할 수도 있다. 둘 중 어떤 플랫폼이어도 좋으니 주로 사용하는 플랫폼을 정하고 타이틀과 어울리는 요소, 사진을 카드뉴스에 넣자. 만약 당신이 카드뉴스 탐색 탭에서 본인의 카드뉴스를 만난다면, 이 이미지와 타이틀을 사용했을 때 클릭할 것 같은지를 생각해 보고 사용하자. 어떤 이미지를 사용하느냐 또한 도달률에 영향을 미칠 수 있다.

세 번째, 적절하게 짧은 캡션을 넣자. 카드뉴스 아래 설명을 캡션이라고 칭한다. 카드뉴스에 충분한 내용이 설명되어 있다면 캡션은 짧아도 좋다. 캡션이 너무 길면 생각보다 유저들은 끝까지 읽지 않는 경우가 많다. 어떤 인사이트를 주고 싶은지에 대한 내용만 짧게 적자. 만약 카드뉴스 내용만으로는 충분하지 않다고 생각되면 조금 더 설명을 넣으면 좋지만, 그렇지 않을 경우에는 이해할 수 있는 명료한 문장으로 구성하는 것이 좋다. 타깃 고객의 문제 해결에 초점을 맞추면 쉽게 작성할 수 있을 것이다. "지금 00문제 있지? 이거 이렇게 하면 쉽다!"라고 풀어주거나, "어! 이거 진짜 딱 필요했던 건데!"하는 핵심 문구로 호기심을 불러일으키자.

네 번째, CTA를 추가하자. CTA는 마케팅 용어 중 하나로 Call-

To-Action의 약자다. 우리가 무심코 넘기는 광고 중에서 CTA는 항상 존재한다. 예를 들어 '감기 조심하세요!'라는 광고가 있다고 가정했을 때, '감기엔 판피린'이라는 CTA가 있다. 감기 걸리면 판피린을 찾으라는 말이다. 그 자체로 CTA가 되는 것이다. 이처럼 SNS를 운영하는 목적에 맞게 콜 투 액션 행동을 정하면 된다. 팔로워에게 어떤 액션을 취하게 만들고 싶은가? 인스타그램은 각각의 카드뉴스가 다른 구성을 가지고 있기 때문에 카드뉴스마다 콜 투 액션을 넣어도 무방하다. 다만 매번 같은 CTA보다는 여러 종류의 콜 투 액션을 카드뉴스에 맞게 요청하자.

나는 엄마가 브랜드가 되어 그냥 맞벌이가 아닌 '올바른 맞벌이'를 하도록 돕는다. 그와 관련한 콘텐츠를 만들고, 내 인사이트와 실행력을 궁금해하고 함께하고 싶은 분들이라면 카카오톡 오픈 채팅방에 입장하라는 CTA를 넣는다. '제안하는 방법 PDF', '미리캔버스 활용한 카드뉴스 만드는 법' 등 무료 강의와 PDF를 뿌리고, 더 자세한 자료를 받고 싶으면 신청하라는 CTA도 넣곤 한다. 이렇게 내가 팔로워분들에게 줄 수 있는 가치에 대해 생각해 보고, 그에 관한 CTA 리스트를 작성해 보자.

강의 신청, 단체 카톡방 입장, 무료 인사이트 전달, 이벤트 신청 등 많은 CTA 예시가 있을 것이다. 자신의 분야에 맞게 콜 투 액션을 설정하고 카드뉴스의 내용과 함께할 수 있는 액션을 제시해 보

자. 그리고 신청한 사람이 있다면 정기적으로 동기부여 혹은 인사이트를 전달할 수 있도록 노력하자. 꾸준히 인사이트를 주며 콘텐츠를 올린다면, 계정 또한 급격하게 성장할 수 있을 것이다.

다섯 번째, 진심 어린 소통은 그 무엇보다 강력하다. 콘텐츠를 발행하고 바쁘다는 이유로 다른 사람과의 소통을 아예 하지 않는 것은 아닌가? 아무리 알고리즘, AI가 발전되었다고 해도 모든 플랫폼의 뒤에 있는 것은 결국 '인간'이다. 인간은 사회적 동물이다. 그렇기에 다른 사람의 이야기가 궁금하기도 하고, 자신과 관련이 있다고 생각된다면 적극적으로 소통하려는 노력이 필요하다는 것을 잊지 말자.

반드시 하루 15분이라도 내어 정성 어린 댓글을 다는 센스와 소통을 위해 시간을 투자하기를 바란다. 전혀 아까운 시간이 아니다. 내가 누군가의 관심을 받기 원한다면 나 또한 그 관심을 다른 사람에게 보여야 한다. 사랑이 가득 담긴 소통은 그 무엇보다 강력하지 않을까?

짧은 릴스 콘텐츠로 나를 브랜딩하라

최근 인스타그램 릴스, 유튜브 숏츠, 틱톡과 같은 숏폼 콘텐츠가 대세다. 특히 릴스는 인스타그램에서 밀고 있는 것으로 조회수와 반응도에 따라 릴스 보너스도 준다. 릴스는 짧은 2~3초 영상부터 1분 30초 말하는 릴스까지 다양하다. 빠르게 보고 넘기는 '인스턴트 콘텐츠'를 선호하는 현대인들에게 딱이다.

릴스를 만들기 전 가장 먼저 해야 할 것은 '주제 선정'과 '명확한 타깃'이다. 고객의 문제점을 해결해 줄 수 있고, 나만이 해결해 줄 수 있는 무언가가 '상품'이 된다. 그 상품을 잘 팔기 위해서는 상품 먼저 내세우는 게 아니라 그들의 문제점을 해결해 줄 수 있는 정보와 노하우를 '무료'로 풀어주는 것이다. 그리고 '나만이 해결해 줄 수 있다'라는 것을 은연 중에 각인시켜 주어야 한다. 그 효과적인 방법이 바로 릴스다.

내 생각대로 만들기 전에 벤치마킹할 수 있는 계정을 최소 10개 이상 분석하자. 그들은 현재 어떤 아이템으로, 어떤 메뉴판을 제시하고 있는지, 가격 책정은 어떻게 하고, 초반 진입상품으로 무엇을 제공하는지 반드시 분석해야 한다. 그 후 내 콘텐츠의 키워드를 작성하고 그 키워드와 결이 맞는 콘텐츠를 올려야 한다. 다음 릴스 제작 3단계를 따라가며 만들어 보자.

1단계, 끌리게 하는 제목 및 콘텐츠를 활용하자

제목을 지을 때 내가 권위가 없다면 권위 있는 인물, 명사의 인사이트를 활용해도 좋다. 예를 들어 '일론 머스크가 추천하는 세계 부자 TOP 100명의 인사이트' 이런 식으로 말이다. 제목을 짓고 언제든 마지막으로 살펴보는 시간을 갖도록 하자. 첫 방향이 잘못되면 옳지 않은 콘텐츠를 업로드할 수 있기 때문이다. 그 점을 항상 생각하고 콘텐츠를 만들자.

2단계, 1분 이내로 짧게 제작한다

릴스 최대 시간은 1분 30초라고 했지만, 실제로 1분 30초간 영상을 볼 유저는 생각보다 많지 않다. 대부분 첫 3초에 시청 여부가 결정된다. 그러니 이 첫 3초에 후킹할 수 있는 요소를 담아야 한다.

그리고 1분 이내에 임팩트 있는 메시지를 전달하는 것을 추천한다. 이때 네 가지 방법으로 제작할 수 있다. 유명한 연예인이나 명사 혹은 TV 프로그램의 내용을 갖고 와서 짧게 편집해서 보여주는 방법, 7~8초 안에 춤추거나 말없이 동작만 하고 음악을 넣어서 핵심 문구만 편집해서 보여주는 방법, 내가 직접 말로 정보를 주는 방법, 좋은 영상을 갖고 와서 핵심 문구만 편집해서 보여주는 방법이다.

나는 이 중에서 직접 출연한 영상을 제작하는 것을 추천한다. 타인의 영상을 가지고 와서 사용하는 것과 본인이 등장해서 메시지를 전달하는 것은 도달률에서도 큰 차이를 보인다. 브랜딩하는 데도 자기 영상이 훨씬 효과적이다. 꼭 얼굴이 나오지 않아도 된다. 얼굴을 가려도 되고 몸만 나오게 해도 좋다. 중요한 건 이 메시지를 전달하는 게 바로 '나'라는 사실을 알 수 있게 하는 것이다. 그저 유명한 사람들 영상을 보여주는 것은 계정이 커질 수는 있지만 내가 브랜딩 되기는 어려울 수 있다.

사실 이 부분에 대해서는 유저들의 의견이 분분하다. "내 계정인데 다른 사람의 영상만 있으면 그것이 '나의 브랜딩'인가?"에 대한 물음표가 생기기 때문이다. 나 또한 팔로워의 입장에서 꼭 그 사람의 영상만을 보고 싶을 것 같진 않다.

3단계, 명확한 도달을 이끌어낸다

명확한 도달을 이끌어내기 위해선 현재의 트렌드를 파악하고, 그 흐름을 탈 수 있는 콘텐츠를 제작하는 것이 중요하다. 내가 현재 어떤 트렌드 콘텐츠를 보일 수 있는지를 고민해 보자. 그리고 그 글에 나만의 생각, 경험 한 스푼을 얹어서 '나만의 콘텐츠'로 만들어 내자. 숏폼 크리에이터가 뭐 별건가? 숏폼을 만들어 내는 사람 아니던가? 겁먹지 말고 한번 도전해 보자! 아래는 실제 30명을 대상으로 한 릴스 강의다. 참고하자!

[카드뉴스 & 숏폼 관련 강의 영상 QR코드]

어떻게 차별화할 것인가?

"당신의 경험이 돈이 되는 순간이 온다."

—브렌든 버처드

잠시 되돌아보니 나의 경험이 돈이 되는 순간으로 지속된 지 벌써 꽤나 오래된 것 같다. 어떻게 지속할 수 있었을까? 나는 지식창업을 하든, 장사를 하던 이 주제에 대한 답은 정해져 있다고 생각한다. 바로 WHY를 찾는 것이다. 내가 이 일을 하는 이유, 내가 계속하는 이유가 명확해야 지속하는 힘을 얻을 수 있다.

내 사업을 예로 들어보자. 올바른 맞벌이 연구소는 나만의 일을 하고 싶은 엄마들에게 열정, 성장, 사랑이라는 가치를 바탕으로 엄마의 브랜드로 올바른 맞벌이의 가치를 주기 위해 존재한다. 이 점이 가장 큰 본질이라고 할 수 있다. 여기서 내 사업을 하는 나만의 WHY는 '엄마의 브랜드로 올바른 맞벌이를 가능하게 한다는 것'이다. 이 메시지를 어떻게 차별화해서 전달할 것인가는 결국 그 사람이 주는 가치에 따라 달라진다고 볼 수 있다.

만약 내가 제공하는 가치가 남들이 말하는 도구(예를 들어 미리캔버스, 노션) 사용의 본질적인 이유를 강조하는 것이 중요하다. 드림보드와 인스타그램을 만들기 위해 미리캔버스를 사용하고, 릴스를 만들기 위해서는 캡컷을 사용한다. 모두 나의 가치를 전달하기 위한 도구다. 이와 관련된 강의를 할 때 나는 강사가 되기도 하지만, 강의를 제공하는 본질적 이유는 결국 "전하고자 하는 메시지를 조금 더 예쁘게 하기 위한 도구를 가르쳐주겠다"는 것이다.

매번 말하는 드림보드는 모두 다 아는 방법이고 어떻게 만드는지도 알고 있다. 하지만 스스로 드림보드를 만드는 사람이 몇이나 있을까? 아무리 만들라고 해도 10명 중 3명도 만들까 말까다. 요즘처럼 정보의 양이 방대한 시대에 주는 정보는 거의 비슷하다. 여기서 중요한 것은 그 정보를 어떻게 내 것으로 '큐레이션' 해서 가치 있게 전달할 것이냐로 볼 수 있다. 그저 남들이 올리는 콘텐츠를 따라 하는 게 아니라, 나만의 WHY를 찾아서 밑바닥부터 차근차근 쌓아가는 과정을 보여 줘야 한다. 그래야 내 WHY에 관심있는 사람들이 내게 끌려 온다.

거기서부터 차별화는 시작되는 것이다. 왠지 함께하고 싶은 사람, 저 사람이랑 있으면 더 동기부여를 받고 긍정 에너지를 받는 느낌이 드는 것, 그것이 한 사람을 브랜딩하는 과정의 시작이다. 당신의 메시지는 무엇인가? 이 일을 왜 하고 싶고, 도움을 주고 싶은 사람은 누구인가? 그들에게 던질 슬로건, 나의 본질적 이유를 찾고 그 이유를 표현하기 위해서는 어떻게 해야 할지를 생각하고 계획을 만들어 보자. 그러고 나서 나만의 메뉴판을 만들면 된다.

사람들이 나에게 원하는 무언가는 반드시 있다. 나도 모르게 상대방에게 오지랖을 부리는 것이 있지는 않은가? 나는 너무 당연하게 쓰는 것인데 모르는 사람이 많은 무언가가 있지는 않은가? 그 작은 포인트가 하나의 시작으로 작용하기도 한다. 나의 경험이 브랜드가 되고, 돈이 되는 순간은 반드시 온다. 다만 그것이 무엇인지 스스로 찾는 과정이 오래 걸릴 뿐이다.

나는 그 누구도 불러주지 않았지만 스스로 강의를 열었다. 난생 처음이었다. 내 첫 강의는 도서관에서 엄마들을 대상으로 한 '드림보드로 내 꿈 찾기'였다. 첫 강의가 성공적으로 끝나니 자신감이 생겼다. 그때부터 하나씩 나만의 강의를 만들어 오픈했다. 만다라트를 만들어서 활용하는 법, 일과표를 만들고 선언하는 법 등 내가 줄 수 있는 것들부터 작게 시작했다. 무료 강의를 하면서 알게 된 것이 있다. 나는 사람들과 함께할 때 그리고 누군가를 도울 때 행복감을 느끼는 사람이다. 그래서 본격적으로 강의를 시작하게 되었고, 내가 나눌 수 있는 기본적인 것들과 잘 다루는 디지털 툴로 드림보드를 만드는 강의로 확장해 나갔다.

그 후 '엄마 브랜드 디렉팅'이라는 과정을 열어 엄마들의 브랜드를 처음부터 다시 잡아주는 강의를 진행했다. 커리큘럼 안에는 내가 처음에 했던 드림보드, 만다라트, 일과표가 모두 들어간다. 하나씩 테스트하면서 실제 효과를 느꼈고, 가치가 있다는 생각에 적용한 것이다. 결국 나는 처음부터 지금까지 늘 한결같은 메시지를 던지고 있다. '엄마 당신도 브랜드다'라는 것!

나는 수강생들에게 절대 먼저 답을 주지 않았다. 나를 믿고 온 수강생의 생각을 마음을 다해 경청하며 어떤 방향으로 가고 싶은지 스스로 묻게 했다. 그리고 지켜봤다. 처음에는 우왕좌왕 다른 길로 가기도 했지만 계속해서 던지는 내 질문에 다시 방향을 찾고 한 걸음씩 걸어가기 시작했다.

조금은 늦더라도 괜찮다. 흔들리지만 않으면 결국 목적지에 도달한다. 나는《토끼와 거북이》에 나오는 거북이의 힘을 믿는다. 결국 차별화에 있어서는 '꾸준함'이 필수 조건이다. 지금 이 책을 읽고 있는 모두가 이제는 '꾸준함은 모든 것을 이긴다'라는 것을 깨달았을 것이다. 꾸준히 포기하지 않고 나의 WHY를 찾고 지금 여기서 내가 전할 가치를 준다면, 나만의 차별화는 저절로 따라오게 되어 있다.

"나는 왜 이 일을 하는가?"

"내가 가치를 주고 싶은 상대는 누구인가?"

"그 가치는 어떻게 줄 수 있을까?"

이 세 가지를 항상 고민하며 내가 가진 강점에 집중한다면, 당신도 반드시 당신만의 WHY를 찾을 수 있다.

나만의 이야기가 없다면,
빈껍데기에 불과하다

흔히 '브랜딩'하면 스토리텔링을 하라고 한다. 스토리텔링, 나만의 이야기란 뭘까? 나는 나만이 할 수 있는 찐한 스토리라고 생각한다. 그 찐한 스토리는 이런 것을 말한다. 집안이 망해서 너무 힘들었던 시기, 학창 시절 왕따를 당했던 이야기, 일을 하면서 나에게 생긴 큰 사건, 부모님의 병간호, 가정의 불화, 사업하다가 망한 이야기, 동업하다가 배신당한 이야기, 힘들게 키운 아이를 잃은 이야기, 아이를 갖기 위한 노력 등 살면서 하나쯤은 바닥을 쳤던, 힘들었던 이야기다. 당시에는 그저 힘들고 무기력했던 일들이 결국 나만의 강력한 무기가 된다. 그걸 버텨내고 이겨냈기에 지금의 내가 있는 것이므로. 이쯤 읽었다면 "그럼 김세인 대표만의 스토리는 무엇이냐?"라고 물어볼 사람들이 있을 것 같아 내 이야기를 해보려

한다.

　어릴 때부터 나는 과체중을 벗어난 적이 없었다. 초등학교 5학년 때 첫 월경을 시작한 후 오랜 시간 불규칙적으로 생리를 했다. 고등학교 때는 스트레스를 받아서인지 더 심했다. 심할 때는 6개월 동안 하지 않을 때도 있었다. 그때마다 엄마는 더 이상 길어지지 않도록 주기적으로 산부인과에 데리고 가셨다. 그래서일까? 2018년에 결혼을 한 우리 부부는 1년간의 신혼 기간을 가진 후 아이를 갖기 위해 갖은 노력을 했다. 하지만 아이는 쉽게 우리에게 와주지 않았다. 고민하다가 남편에게 아이를 정말 원한다면 난임센터에 가보자고 말했다.

　"아직 좀 더 시도해 보고 가지. 뭘 벌써 가? 그런 검사 별로 안 하고 싶어"하고 딱 잘라 말하던 우리 남편. 어쩌면 그런 검사를 하는 자체가 자존심이 상했던 것일지도 모르겠다. 당시 내 나이 32살, 남편 37살이었다. 요즘 늦게 결혼하는 추세라고는 하지만, 아이를 낳기에는 조금 늦은 나이이기에 조금 더 지나면 노산이 될까 조급해져 남편을 다시 설득했다. 큰마음을 먹고 시험관 시도를 시작하게 되었다. 난자 채취를 하면 끝인 줄 알았는데 그게 시작이었다.

　주사 공포증이 있는 내게 매일 스스로 배에 과배란 주사를 놓으라는 것이다. 아이를 갖겠다는 열망 하나로 공포증을 이겨내며 주사를 놓았다. 그렇게 한 달이 지나고, 마지막으로 병원에서 배아 이식을 받았다.

너무나 감사하게도 첫 시도 만에 임신을 할 수 있었다. 어찌나 기쁘던지. 병원에서 소리 지를 뻔했다. 혹시라도 다른 난임 부부들이 속상할까 봐 주차장까지 내려와서 초음파 사진을 보며 기쁨을 만끽했다. 정말 너무나도 행복했다.

여기까지면 참 행복한 해피엔딩인데, 임신은 드라마에서 보는 것과는 차원이 달랐다. 원래는 쌍둥이였던 우리 아이. 한 아이는 심장이 뛰지 않아 도태되었고 임신 기간 10개월 중 2달을 절박유산, 조산기로 병원에 입원했다. 퇴원을 앞둔 시점엔 손목에 링거 놓을 곳이 없었을 정도였다. 그뿐인가. 경부 길이가 너무 짧아 지금 이대로 가면 아이가 흘러도 이상하지 않다는 말을 들었다.

외향적인 성격으로 사람에게서 에너지를 받는 나는 아무것도 하지 말라는 병원 생활 시절이 우울했다. 입맛도 없었고 아무것도 하고 싶지 않았다. 너무 힘들게 아이를 가졌고, 또 힘들게 품고, 힘들게 낳았다. 거기서 느꼈던 내 인생의 교훈은 진심 어린 사랑과 열정이 있다면 하늘도 감동한다는 것. 나에게 나경이는 기적이자 삶의 이유, 내 일의 원동력이다.

나는 이 이야기를 엄브 맘들에게 꼭 해준다. 내 이야기를 듣고 난 엄마들은 깊이 공감하며 고개를 끄덕이고, 내적 친밀감이 급속도로 높아진다. 처음에는 자신의 이야기를 꺼내놓기가 두렵고 걱정될 수도 있다. 나도 두려웠다. 하지만 여러 번 강의할 때 말했더니 신기하게도 치유가 되는 기분이 들었고, 나 또한 더 성장한 기분이 들어서 좋았다. 지금까지 잘 살아왔다는 말을 들으면 그저 행복하고 감사했다.

혹자는 자기 스토리를 얘기하면 오히려 나를 더 멀리하고, 싫어할까 봐 두렵다고 한다. 그렇지 않다. 솔직하게 말할수록 그 사람에 대해 낱낱이 알게 된 기분에 오히려 내적 친밀감을 느끼게 되고, 공감대를 형성할 수 있다. 그러니 자기 이야기를 털어놓자. 그리고 그 이야기로 어떻게 지금의 내가 있는지 자꾸 말하자. 말하는 사람에겐 치유가 되고, 듣는 사람에겐 동기부여가 되는 스토리가 될 것이다. 늘 그것을 잊지 말고 명심하자. 이때 스토리는 사실이어야 한다. 관심을 받고 싶어 거짓말은 절대 하지 말자. 그리고 내가 던지고 싶은 '메시지'를 함께 말해야 한다. 메시지 없는 스토리는 '앙꼬 없는 찐빵'과도 같다.

나의 슬로건은 이거다. '엄마도 브랜드다. 기적은 행동하는 자에게 찾아온다' 나의 인스타그램 피드 마지막에 늘 들어가는 메시지다. 이 메시지를 정하고 계속해서 실행하려 하다 보니 정말 행동하는 사람이 되어 있었다. 그리고 그 사람의 노하우를 알고 싶어서 끊임없이 제안하다 보니 좋은 강의를 우리 엄마브랜딩스쿨 커뮤니티에 계속 제공할 수 있는 사람이 되었다. 꼭 내가 강의를 하지 않아도 된다. 좋은 스토리를 가진 사람들이 강의할 수 있는 공간을 만들어 주어도 좋다. 단, 여기에도 나만의 스토리와 메시지가 꼭 들어가 줘야 한다. 아무나 다 할 수 있는 정보 말고, 나만이 할 수 있는 내 고난과 역경, 그것을 어떻게 극복했는지를 나누자. 그것이 내가 온전히 할 수 있는 나만의 이야기이자, 브랜드다.

당신의 이야기를 들려주세요.

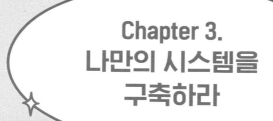

Chapter 3.
나만의 시스템을
구축하라

잘 될 수밖에 없는 '환경'을 만들어라

"그냥 하세요. 무조건 하세요." 말만 한다고 다 할 수 있을까? 제대로 못 하는 사람은 간절함이 부족하고, 더 노력해야 하는 걸까? 그렇지 않다. 사람의 의지는 한계가 있다. 그 한계가 무너지지 않게 하려면, 포기하지 않고 꾸준히 할 수 있는 환경을 조성해야 한다. 나는 내가 부족한 걸 너무나 잘 알고 있기에 항상 '될 수밖에 없는 환경'에 나를 던졌다. 그중 두 가지 방법을 소개하겠다.

첫 번째, 공간에 변화주기

집은 가족과 함께 생활하는 공간이다. 먹고, 자고, 씻고, 일상생활을 하는 공간이다 보니 집에서 일을 하면 자꾸만 늘어지거나 좋은 아이디어가 떠오르지 않는다. 실제로 할 일이 많은데도 피곤하다는 핑계로 잠든 적이 한두 번이 아니다. 이럴 때는 공간에 변화를 주는 것이 좋다. 나는 처음에는 스터디카페를 활용했다. 그러다 안정적인 구조로 조금씩 바뀌자 공유 오피스 사무실을 구해서 사용하고 있다.

오전 9시 22분, 아이가 등원하고 나면 내 시간이 시작된다. 어질러진 집을 정리하고 집안일을 하는 시간 약 30분, 준비할 시간 30분으로 정하고 여유 있게 10시 30분 전에 반드시 집을 나섰다. 사무실에 도착해서는 처음 물을 떠 올 때만 자리를 떠서 준비하고, 그 이후부터 3시간 이상은 절대 일어나지 않았다. 모두 조용히 일하는 분위기다 보니 다른 일을 할 수조차 없었다. 오직 할 수 있는 건 앉아서 집중하는 것뿐이었다. 당연히 속도가 날 수밖에 없다.

두 번째, 타임스케줄 짜기

앞에서 말했듯 나는 매일의 루틴이 있다. PDS 다이어리를 기록하고, 매일 분석하고, 새로 계획을 짠다. 보통 내 하루는 세 타임으로 분류된다. 첫 번째 타임인 새벽 4시~7시까지는 5분 저널 혹은 모닝 페이지, 독서, 글쓰기, 러닝 후 샤워를 배치했다. 두 번째 타임은 9시 22분 등원 이후 집 정리를 모두 마치고 스터디카페에 도착하는 시간, 12시 30분까지 약 2시간 동안 인스타그램과 블로그 콘텐츠를 제작한다. 강의가 있을 때는 강의 준비 시간으로 활용하기도 한다.

세 번째 타임은 아이 하원 후의 시간이다. 휴식을 하거나 공부하는 시간은 보통 금요일에 많이 배치한다. 이때는 남편과 자주 대화를 하려고 한다. 서로의 일에 관한 얘기도 하고, 아이에 관한 이야기, 앞으로의 미래에 관한 이야기를 나누며 같은 꿈을 그린다. 내가 지금 하고 있는 모든 일이 모두 가족과 함께 잘 살고 싶어 하는 일이기에 특히 이 시간은 꼭 지키려고 한다. 본질을 잃은 채 앞만 보고 달리면 결국 무너지게 된다는 것을 너무나도 잘 알기에 앞으로도 이 시간은 유지할 예정이다.

이렇게 장소에 변화를 주고, 타임테이블을 명확히 설정해서 루틴으로 정착시키면 할 수밖에 없는 환경이 조성된다. 물론 처음에는 어렵지만, 습관으로 자리 잡히기만 하면 그때부턴 쉬워진다. 혹시라도 자꾸만 계획했던 습관을 자꾸만 미뤄서 자책하고 있다면 이 질문에 답해보자. "내 목표를 위해 지금, 오늘, 여기서 당장 내가 해야 할 일이 무엇인가?" 질문에 답을 하면 정답이 나온다. 가만히 누워서 TV를 볼 게 아니라 '지금' 일어나서 움직여야 한다는 사실이!

이때 주의할 점이 있다. 너무 내 일에만 치우쳐 몰두하게 되면 가정 불화가 생길 수도 있다. 그때마다 늘 상기하자. '내가 애초에 왜 이 일을 시작했지?'하고 말이다. 분명 아이를 위해, 가족을 위해 시작한 일일 것이다. 그런데 가족을 위한다면서 오히려 가족에게 피해를 주고 있지는 않은지 돌아봐야 한다. 물론 사업을 시작하고 그 사업이 안정화될 때까지는 몰입해야 하는 시간이 있다. 우리는 엄마이자 아내이기에 그 시간은 어느 정도 남편과의 타협, 이해가 반드시 필요하다. 남편과 충분히 대화해서 협의점을 찾자. 우리는 한 아이의 우주이자, 소중한 가족이니까. 이 책을 읽는 당신이 갖추어야 할 환경은 무엇인가? 그 환경에 나를 밀어 넣자. 그리고 실행하고 싶은 타임스케줄은 무엇인지도 생각해 적어 보는 시간을 가져 보자.

50년 후 강남땅이라고 불리는
'인블유'를 구축하라

"2022년을 메타버스, 블록체인의 웹 3.0 시대로 진입하기 위한 엄청난 학습을 시작해야 하는 원년의 시대라고 밝혔듯, NFT 시장의 속도를 생각한다면 인스타그램, 블로그, 유튜브를 통해 1인 기업가가 되어야 합니다."

—MKYU 김미경 학장

무엇인가 하고 싶다면, 세상과 의미 있게 연결되고 싶다면, 스스로의 성장을 바란다면 레퍼런스를 쌓아야 한다. 50년 후 강남땅이 인블유(인스타그램, 블로그, 유튜브 줄임말)라는 말도 있지 않은가? 나의 성장, 발자취를 꾸준히 SNS를 통해 쌓아두자. 쌓아가면서 성장하는 모습을 보이는 그 자체가 '프로세스 이코노미'가 될 것이라 확신한다. 세상에 던지고 싶은 메시지가 있는가? 내가 던지고 싶은 메시지가 명확하고 꾸준히 할 수 있는 것이라면, 주저하지 말고 뛰어들자. 나의 모든 경험이 나를 단단하게 만들어 줄 하나의 과정이 되어 줄 것이다.

강의를 진행하면서, 다양한 사람들을 만나면서 나의 부족함을 여실히 느꼈다. 그때마다 나는 좌절했다가도 다시 오뚝이처럼 일어섰다. 어떻게 하면 더 잘 배워서 내 것으로 만들 수 있을까를 생각했다. 그러다 우연히 알아낸 사실이 있다. 바로 모든 사람이 원래부터 유명하지 않았다는 것이다. 당연한 일인데 엄청난 진리를 깨달은 듯 전율이 흘렀다. 그리고 결심했다. 누군가가 그 분야의 전문가로 알려지려 할 때, 완전히 유명해지기 직전의 순간! 내가 그 사람을 섭외해서 배워야겠다고! 나는 그 사람에게 홍보와 무대를 제공하고 그 사람은 수강생에게 고퀄리티의 강의를 제공한다. 우리 채널에 계신 엄브님들은 좋은 강의를 들어서 좋고 또 바로 실행할 수 있게 되어 좋은 그 구조를 제공하는 것이다. 누구도 손해 보지 않는 구조이지 않은가?

그렇게 강연자를 초청하면서 강의 플랫폼으로 조금씩 자리를 잡아갔다. 그러다 사업을 잘한다고 강의까지 잘하지는 않는다는 것을 알게 되었다. 그때부터 초보 강사의 강의 퀄리티를 높이기 위해 강의 전 강의안 체크를 하고, 테스트 강의를 통해 피드백하는 시간을 가졌다. 강연자들은 실력이 늘어서 좋고, 나는 좋은 강의를 내 플랫폼 안에 제공하면서 수익화 모델을 구축할 수 있어서 좋은 서로 '윈윈'하는 구조로 만들 수 있었다. 강의를 홍보하는 것 그리고 사람들에게 좋은 가치를 전하는 것 좋은 강의의 내용을 내 생각을 얹어 내 콘텐츠로 재가공하는 그 모든 것이 나에게는 강남땅을 구축하는 작업이다.

당신은 어떤 콘텐츠로 나만의 건물을 세우고 싶은지 생각해 보자. 아직 주제가 명확하지 않다면, 기업가들을 위한 바이블 책《백만장자 메신저》를 반드시 읽기를 바란다. 그 책에서는 주제 선정을 하기 위한 다섯 가지 요소를 제시한다. 내가 흥미롭게 배우는 주제, 현재 즐겨하는 것과 관련된 주제, 항상 배우고 싶어 한 것, 당신의 경험에서 생각할 것, 꾸준히 그리고 즐기며 할 수 있는 것이다. 이를 통해 기틀을 먼저 잡기를 바란다.

한 사람이 가지고 있는 인사이트는 생각 이상으로 큰 가치가 있다. 그리고 그 사람의 가치 입증은 결국 '콘텐츠'로 재정립된다고 해도 과언이 아니다. 혹시 '나는 사업가인데 왜 콘텐츠를 만들어야 하지?'라는 생각을 한다면 마음을 바꾸기 바란다. 나의 콘텐츠가 나 대신 일해주는 병정이 되고, 대중과 소통할 수 있는 창구가 되어 준다. 그리고 그 콘텐츠의 메시지는 나를 좋아하는 사람들을 계속해서 나에게 다가오게 한다.

아직도 인블유(인스타그램, 블로그, 유튜브)가 레드오션이고 한물 갔다고 생각하는가? 그 한물갔다는 얘기는 1년 전에도, 2년 전에도 나온 말이다. 그때 시작한 사람들은 성공했고, 아직도 시작 하지 않은 사람들은 '한물갔다'라고만 한다. 그러나 나만의 WHY를 계속해서 제시하고 유익한 콘텐츠를 제공한다면, 더 이상 그 시장은 레드오션이 아니다. 나만의 포트폴리오로 탄탄하게 성장할 수 있는 아주 좋은 거름이 될 것이다.

인블유에 더불어 카카오톡 오픈 채팅방 줄여서 '오카방'도 잘 활용하자. 나 또한 오카방을 운영하고 있고, 현재 400명의 회원이 있다. 나의 실행력 그리고 맞벌이 인사이트를 알고 싶고 함께 성장하고 싶은 사람들에게 함께하면 좋을 채널로 브랜딩해 나가고 있다. 본인의 브랜드를 홍보할 수도 있고, 강의도 홍보할 수 있다. 내 오카방은 현재 상부상조하며 크는 채널로 확대해 나가는 중이다.

활용할 수 있는 것들은 무궁무진하다. 인블유에 콘텐츠를 쌓으며 카카오톡으로 면밀하게 소통해 나의 찐팬을 만들어 나가자. 이 중 분명 내게 잘 맞는 곳이 있을 것이고, 거기에 집중하면 나만의 커뮤니티가 형성될 것이다. 잊지 말자. 당신도 리더가 될 수 있으며, 그 안에서 더욱 성장할 수 있다.

인블유는 수단,
나를 좋아하는 찐팬을 모으는 그곳 :
네이버 카페, 오픈 채팅방

오픈 채팅방이냐 네이버 카페냐 묻는다면, 둘 다라고 답하고 싶다. 다만 휘발되지 않는 정보를 보관하고 싶다면 네이버 카페를 반드시 사용하라고 권하고 싶다. 나를 좋아하고 나의 과정을 한 번이라도 들은 사람을 무조건 네이버 카페로 모으자. 물론 카페로 모으기 전에, 카페 내에 가치를 제공할 수 있는 아이템이 있어야 한다. 그것이 강의가 되어도 좋고 전자책이 되어도 좋다.

나는 가치를 주는 수단으로 전자책을 꼽는다. 강의는 보고 나면 나만의 것으로 만들기 위해 노트를 작성해야 하지만, 전자책은 암기 노트, 요약 노트처럼 파일로 받기 용이해서 두 번 정리하지 않아도 된다. 사람마다 영상과 글 중 선호도가 다르기에 제공하는 유용한 모든 정보를 카페에 풀어두자. 여기서 전제조건은 무료로 모든 정보를 다운받을 수 있게 하는 것이 아니라, 고객 DB를 모을 수 있도록 퍼널시스템^{Funnel System}을 먼저 구축해야 한다.

예를 들어 '엄마들이 나만의 브랜드로 올바른 맞벌이를 이루는 5단계 공식 PDF'를 배포한다고 하자. 이때 전자책을 쓰기 전에 먼저 목차와 내용을 설명한 상세페이지부터 작성한다. '어머 이건 나한테 하는 말 같아. 이건 꼭 읽어야 해!'라는 생각이 들 수 있도록 단 1명을 위한 글을 쓴다. 타깃의 호기심을 불러일으키는 것이다. 그런 다음과 같은 액션을 취한다.

PDF 무료로 갖는 법

· 블로그 글을 공유하기
· 카카오톡 플러스 친구 추가 후 공유한 글 URL 보내기
· 신청서 작성하기

대부분은 무료로 얻기 위해 이 귀찮은 일을 해낸다. 우리는 이를 통해 고객 DB를 모을 수 있게 되고, 유료 강의를 판매할 수 있는 루트를 확보하게 된다. 무료 PDF가 마음에 든 사람들은 이후 제공하는 유료 콘텐츠에도 관심을 보인다. 원래 20만 원 이상 상당의 컨설팅이지만 이번만, 혹은 2기까지만 5만 원, 3만 원에 제공하겠다고 하면 바로 결제가 이루어진다.

처음 이 구조를 만드는 것이 쉽지는 않다. 하지만 딱 한 번 구조를 구축해 놓으면 그때부터는 쉽다. 매주 메일을 확인하는 요일을 정하고 그 요일에만 마케팅 메일을 발송하는 방식으로 진행해도 좋다. 컨설팅을 신청한 인원에게 메일로 e-book을 보내고, 문자도 보내자. 그런 다음 전자책을 읽었는지 확인 및 컨설팅 안내를 함께하는 것이다. 안 그래도 내가 제공한 정보를 보고 '더 유익한 정보를 얻고 싶은데 어떻게 해야 하지?'라고 생각하고 있던 고객들은 마음이 흔들린다. 그때 제시하는 것이다. 정규 과정은 이렇게 되며, 이 과정을 위해서는 총금액이 이만큼 발생하고, 그 비용 내에 포함된 과정은 이렇다고 말이다. 아래 예시는 내가 실제로 적용한 글이다. 글을 읽는 사람의 입장에서 생각하고 읽어보길 바란다.

올바른 맞벌이 연구소에서는 모든 분을 도울 수는 없습니다. 바로 신청하고 싶으시더라도 끝까지 정확하게 읽고 신청해 주세요.

신청하면 무조건 되는 게 아니라 신중하게 신청하라고 요청한 것이다. 사람들은 이런 희소성에 더욱 조급함을 느끼며 신청하게 된다. 그렇지 않겠는가? 만약 내가 사고 싶었던 물건이 곧 매진될 예정인데 아무나 살 수 없다고 한다면 어떻게 할 것인가? 아마도 누구보다 빠르게 결제할 것이다. '내가 먼저 결제했으니 내 거임!'

하는 생각과 함께 말이다. 나만 아는 과정이라는 희소성이 생기면 사람들은 최대한 빨리 그리고 나만 그 과정을 알고 싶어진다. 이때가 기회다. 그 시기를 놓치지 말고 컨설팅 일정을 잡고 어떤 부분에 대한 니즈가 있는지 파악해서 상품을 제시하자.

여기서 잊지 말아야 할 중요한 마케팅 비법이 있다. 바로 '피라미드' 구조다. 내가 가진 강의 과정이 무료, 1만 원, 5만 원, 20만 원 등 저가에서 고가까지 다양하게 있을 것이다. 어떤 것이든 수강생이 지불한 금액 대비 4배의 가치를 제공해야만 한다. 그래야 수강생들이 얻어갈 것이 있다. 무료라고 해도 유료급 정보를 제공해야한다. 무료라고 어디서나 검색하면 알 수 있는 정보로 도배한다면이후 유료 강의로 이어질 수 없다. 돈을 내지 않았지만 돈보다 더소중한 '시간'을 투자했기 때문에 당연히 그 시간을 써준 것에 대한 감사함으로 준비해야 한다.

사람들은 무료를 좋아한다. 당연하다. 무료로 준다는데 누가 거절할 것인가? 무료 강의에만 몰리고, 유료 강의 수강생이 저조한것에 가끔은 지치는 순간이 올 수 있다. 이럴 때는 이렇게 생각을전환하자. '무료 강의에 온다는 것은 그만큼의 수요가 있다는 것이다'하고 말이다.

사람들의 수요를 충족시켜 주기 위해서 내가 풀어야 할 정보는 무엇인가? 그리고 그 정보를 통해 내가 제공할 수 있는 유료 과정은 또 무엇인가? 이 두 가지를 늘 함께 생각하자. 네이버 카페 내에서 무료 자료를 통해 유료 과정을 제공하는 것 또한 마찬가지다. 무료 자료지만 그 이상의 가치가 분명히 있음을 보여주고, '나'라는 사람에게 매력을 느끼도록 만들어 주자. 그렇게 또 한 명의 찐팬이 만들어지는 것임을 명심하자.

04

무료 전자책 나눔을 통해
고객의 DB를 확보하라

책에는 종이책, 전자책이 있다. 태블릿 활용도가 높아지고, 온라인 시장이 발달하면서 전자책 시장도 커지고 있다. 여기서 우리가 노려야 할 것이 바로 '전자책 시장'이다. ISBN을 발급받는 정식 전자책이 아닌, 1~2장짜리 짧은 문서부터 몇십 장, 몇백 장 등 장수 구분 없이 마음대로 쓸 수 있는 전자책 PDF 파일 말이다.

온라인 세상에서 전자책은 곧 나의 무기다. 나만의 노하우, 정보를 큐레이션해서 글로 쓰기만 하면 된다. 사람들은 이 무료 PDF 파일을 받기 위해 기꺼이 자신의 시간과 노력을 투자한다. 쓸거리도 다양하다. 스마트폰 활용법, 제안하기 공식법, 글 잘 쓰는 법, 잘 파는 법, 영업 노하우, 직장생활 노하우, 유튜브 처음 개설하는 법, 블로그 만드는 법, 미리캔버스 활용 꿀팁 등 초보자를 위한 것부터 숙련자를 위한 고급 정보까지 다양하게 만들 수 있다.

모든 사람은 각자 자신만의 노하우와 경험이 있다. 그걸 풀면 된다. 아직은 완벽하지 않아서 걱정된다면, '초보자를 위한 OO 하는 방법 기초'에 대해 작성하면 된다. 처음부터 대단한 무언가를 쓰지 않아도 된다. 왕초보자는 어디를 가든 있기 마련이고, 이런 정보를 궁금해하는 곳이 분명히 있다. 그곳을 공략하면 된다. 이제 전자책 주제 선정하는 세 가지 방법에 대해 알아보자.

첫 번째, 나의 경험과 관심 분야에 바탕이 된 것이어야 한다

여기서 '나의 경험'이란 상당히 포괄적인데 내 사례로 쉽게 풀어 보겠다. 일단 나에 대해 써본다. 내가 경험한 것들을 줄줄 나열해보는 것이다. 너무 많아도 괜찮다. 분명 그중에서 한 가지는 찾을 수 있을 것이다.

> 러닝을 좋아하고 사람들을 만나는 것을 좋아함. 러닝에 흥미가 생겨 시작했는데 10km 마라톤을 2번 완주했고, 사람들에게서 에너지를 얻기 때문에 제안을 하고 협업 강의를 진행하는 것에 겁이 없다.

자! 위의 경험에서 무엇을 주제로 선정할 수 있을까? '런린이가 10km 마라톤을 2번이나 완주한 비법', '돈 되는 제안하기를 통한

특급 성장 비법' 이렇게 두 가지를 찾을 수 있다. 이 중 후자는 실제로 전자책 PDF로 만들어서 무료 배포했다. 쓸거리는 무궁무진하다. 여행 간 경험, 육아 경험, 나만의 특별한 공부법, 기억법, 독서법 등 노하우가 있다면 그게 무엇이든 만들어 보자. 분량이 길지 않아도 된다. 어차피 무료이기 때문에 내 커뮤니티로 유입시키는 하나의 미끼 상품으로 보면 된다. 물론 이 미끼 상품이 훌륭할수록 깔때기 입구가 넓어지는 건 당연하다.

두 번째, 수요 조사를 통해 주제를 선정할 수 있다

앞에서는 '나'가 주체였다면 여기서는 '고객'이 주체가 된다. 내가 잘하는 것, 좋아하는 것이 아닌, 실제 시장 내에서의 트렌드를 분석해서 잘나가는 주제를 선정하는 것이다. 크몽이나 탈잉 등 전자책 플랫폼을 둘러보면서 분석해 보자. 어떤 주제의 책이 잘 팔리고 인기가 많은지 파악한 후 본인이 작성 가능한 주제를 골라서 나만의 인사이트를 더 넣어 작성하자. 최근 트렌드 및 많이 판매되는 베스트셀러 책들을 확인해 보는 것 또한 좋은 방법이다.

세 번째, 상대방의 문제를 해결하고 시간을 절약해 주는 주제로 선정한다

요즘은 정보를 몰라서 못 하는 경우는 거의 없다. 손가락 하나만

움직이면 언제 어디서나 검색이 가능하고, 쉽게 찾을 수 있기에 조금만 손품을 팔면 된다. 그러다 보니 이 '손품 파는 시간'조차 아까워하는 사람들이 늘고 있다. 정보의 홍수 속에서 무엇이 진실이고, 거짓인지 구분할 수 있는 능력도 필요해졌다. 그래서 정보를 큐레이션하고, 압축해서 상대가 필요한 것만 제공해 주는 사람에게 사람들이 몰릴 수밖에 없다. 내 시간을 절약해 주고 문제까지 해결해 주는데 그 정도 돈쯤이야 얼마든지 낼 수 있다. 이것을 바로 '레버리지'라고 한다. 타인의 시간을 내가 아껴서 더 좋은 정보를 빠른 시간 내 얻을 수 있도록 해주는 것을 뜻한다.

인스타그램 카드뉴스를 잘 만들어서 매출을 올리고 싶은 사람이 있다고 가정해 보자. 처음 해보는 거라 카드뉴스 크기부터 제작 방법까지 아무것도 모르겠고, 검색을 해봐도 정보가 많아서 뭐부터 해야 할지 갈피를 못잡겠다고 한다. 당신은 이 사람을 위해 쉽게 카드뉴스 만드는 방법을 잘 알려줄 능력이 있다. 그렇다면 뭐부터 하는 게 좋을까?

바로 전자책이다. '카드뉴스 만드는 방법 A to Z'로 해서 하나하나 설계부터 후킹 글 쓰는 방법까지 다 알려주는 것이다. 혹은 '카드뉴스 기획 꿀팁', '카드뉴스 썸네일 하나로 후킹하는 법' 등의 전자책도 쓸 수 있다. 그런 다음 후기를 작성해 주는 사람에게 인스타그램에서 많이 사용하는 카드뉴스 템플릿 3종을 선물한다. 작성자는 후기를 얻게 되고 구매자는 카드뉴스 기획법과 템플릿을 얻게 되어 양쪽 모두에게 win-win이 성립되는 것을 알 수 있다. 꼭 해야 하지만 귀찮고 하기 싫어하는 일이 무엇인지 찾아보자. 이 일을 내가 해결해 준다면 분명 나만의 무기가 될 것이다.

자! 이제 전자책을 썼으니 고객 DB를 확보해 보자. 먼저 어느 커뮤니티로 사람들을 모을 것인가를 결정해야 한다. 네이버 카페에 모을 수도 있고, 카카오채널 단톡방으로 모을 수도 있다. 메일주소를 받아서 이메일 서비스를 제공하면서 브랜딩하는 방법도 있다. 나는 이 중에서 네이버 카페와 카카오채널 단톡방 두 가지를 활용하고 있다. 특히 카카오톡의 경우 번호를 바꾸거나 채널톡을 차단해버리면 메시지를 받을 수 없지만 네이버 카페는 쪽지를 보내거나 메일을 보낼 수 있다. 또 가입 시 핸드폰 번호 기입란을 만들어서 정보를 모을 수 있다. 이때 모든 정보는 개인 정보 동의 허락을 받아야 한다. 구글 신청서나 홈페이지에 개인 정보 동의란을 만들어서 동의할 수 있도록 한다.

이렇게 확보된 DB는 추후 마케팅 용도로 활용할 수 있다. 새로운 강의나 상품을 런칭할 때 미리 안내할 수 있고, 지속적인 좋은 정보를 줌으로써 신뢰를 형성할 수 있다. 이렇게 탄탄하게 쌓아놓은 신뢰는 고객의 구매 전환율을 높여준다. 전자책 하나로 쉽게 DB를 모으고 유료 강의, 유료 상품 판매까지 이어질 수 있으니 꼭 만들어 보자. 당신이 가지고 있는 전자책 인사이트는 무엇인가? 내가 나눌 수 있는 정보를 적어보고 어떤 제목으로 아웃풋을 낼 수 있을지도 함께 생각해 보기를 바란다.

05

이제 당신의 진짜 고객을 만나고 그들의 인생을 바꿀 차례다

지금까지 제시한 단계들을 모두 실행했다면 이제 진짜 본인의 고객을 만날 차례다. 그전에 먼저 지금까지의 단계를 모두 완료한 자신에게 박수를 쳐주고, 자신을 칭찬해 주자! 내 고객을 만난다는 것은 늘 설렌다. 그들의 고민을 듣고, 해결 방법을 생각하고, 함께 고민하며, 동기부여하는 일은 언제나 즐겁고 행복한 일이다. 고객을 만날 때마다 늘 하는 질문 세 가지가 있다.

1) ㅇㅇ 씨가 가지고 있던 지난 꿈은 뭐예요?

2) 5년 후에 어떻게 살고 싶으세요?

3) 어떤 일을 해보고 싶으세요?

어쩌면 흔한 질문일지도 모르고, 막연하게 느껴질지도 모르겠다. 맞다. 가장 단순한 게 정답이다. 세 가지 질문 안에 모든 것이 있다고 해도 과언이 아니다. 실제로 내가 이렇게 질문을 하면 여러 깊은 이야기를 들을 수 있다. 원래 그림을 그리는 것을 정말 좋아했는데 집에서 크게 반대해서 할 수 없었다는 이야기, 앞으로 더 열심히 해보고 싶은데 은퇴할 시기가 되어서 예전부터 꿈꿔온 작가를 해도 될지에 대한 고민, 아이들이 아직 다 크지 않아서 들어갈 돈이 많은데 내가 이걸 해도 될지에 대한 고민 등 정말 속 깊은 고민들이 나온다.

고객이 유료 자료를 결제하기 전에 "아, 생각보다 비싸네요"라고 하는 데는 두 가지 뜻이 숨어 있다. 실제로 정말 돈이 없거나, 돈은 있지만 '이것'에 쓸 돈은 없다는 말이다. 만약 고객이 후자로 인해 결제를 망설이고 있다면 굳이 설득하지 말자. 내 강의, 내 컨설팅에 이미 가치가 있다고 생각한 사람들에게 내 시간을 투자하자. 내 에너지는 한정적인데 부정적인 얘기만 하는 사람에게 낭비하면 긍정적인 사람들까지도 놓칠 수 있다.

나도 처음에는 이 사람, 저 사람 다 잡아야 하지 않을까 걱정했다. 혹시 안 좋은 이미지를 갖게 될까 봐 안절부절못하면서 조심스럽게 응대했었다. 하지만 지금은 긍정적인 말을 하는 사람에게만 집중한다. 내 시간이 소중하듯 상대의 시간도 그만큼 소중하다. 정말 간절한 사람들부터 먼저 집중해서 도와주고 싶다.

당신도 그렇게 하고 싶지 않은가? 나의 스토리로, 나의 경험으로 한 사람을 바꾸고 그 파도가 점점 커져서 멋진 너울을 만들고 싶지 않은가? 그들의 인생을 바꿀 이야기는 당신이 경험한 힘든 이야기, 그것을 어떻게 극복했는지에 대한 스토리가 덧붙여지면 더욱 감초처럼 작용한다.

사람들은 본인의 위치보다 너무 높은 사람에게는 현실적인 매력을 느끼지 못할 때가 있다. '100만 이상의 팔로워를 보유한 누군가가 너무 멋있지만, 나를 만나주진 않겠지?'라며 체념하기 마련이다. 이럴 때 나는 어떤가? 그 문제를 해결해 줄 사람 아니던가?

100만 메가 인플루언서는 아니지만 그 사람의 문제를 진정성 있게 듣고 해결해 줄 수 있는 '해결사'다. 그 사람에게 메가 인플루언서는 아무 소용이 없다. 그 단 한 사람을 위한 사람이 되자. 모두에게 유명한 사람이 될 필요는 없다.

10만 팔로워인데 돈을 벌지 못하는 사람과 팔로워가 5천도 안되지만, 월 3천만 원 넘게 벌고 있는 사람 중 누구를 선택하겠는가? 나는 팔로워가 적어도 좋으니 수익화를 선택하고 싶다. 가슴에 손을 얹고 생각해 보자. 당신은 누구를 선택할 것인가? 만일 그 답이 전자라면 지금 당장 이 책을 덮어도 좋다. 하지만 후자라면 지금까지의 모든 인사이트를 자신의 것으로 만들어서 꼭 실행해 보길 바란다.

고객을 만나기 전에 자신이 가진 사명과 비전을 명확히 정해보자. 나 바로세인의 사명은 "내 일을 하고 싶은 엄마들에게 열정, 성장, 사랑을 바탕으로 엄마브랜딩을 통해 올바른 맞벌이를 하게 돕기 위해 존재한다"이다. 지금으로부터 5년 후인 40세의 김세인의 비전은 다음과 같다.

> 40세 김세인의 비전은 브랜딩 영역에서 열정, 성장, 사랑을 활용하여 <엄마도 브랜드다> 토크쇼 5개 지역 순회, 월 1억 이상 버는 '엄마 실행 멘토'가 된다.

나는 항상 나의 사명과 비전을 마음속 깊이 새겨놓고 일한다. 리마인드 할 때마다 가슴이 두근거리고 설렌다. 당신도 그런 비전을 만들길 바란다.

당신의 고객을 만나면 세 가지의 질문을 해보자. '그들의 꿈', '5년 후 살고 싶은 모습', '어떤 일을 하고 싶은지?' 그리고 그 질문을 통해 그 사람의 문제를 진정성 있게 파악하자. 마지막으로 내가 도움 주고 싶은 타깃과 나 자신을 위해 사명, 비전을 명확하게 정하

자. 이는 길을 잃으려 할 때 나를 돌봐주는 보물 같은 나침반이 될

것이다.

당신이 돕고 싶은 고객은 누구인가?

당신의 5년 후 비전은 무엇인가?

당신의 사명은 무엇인가?

4장

꿈을 이루는 목표 설정
7단계

당신의 드림보드를 만들어라

드림보드 강의 때마다 하는 말이 있다. "꿈은 생각하고 그것을 그리는 것만으로도 끌어당겨진다." 드림보드는 원하는 꿈을 생각하고 그것에 맞는 이미지를 찾아 붙여놓는 시각화 작업을 말한다. 드림보드를 이야기하면 세 가지 정도의 반응을 볼 수 있다. 첫 번째는 "무슨 드림보드? 뚱딴지같은 소리하시네요!"이고, 두 번째는 눈이 초롱초롱해지면서 초집중하는 부류, 세 번째는 '드림보드'라는 말 자체를 모르는 부류다.

나는 드림보드를 만들어 꿈을 시각화하면서 하나씩 내 꿈을 이루었다. 드림보드의 마력을 알기에 많은 사람에게 알려주고 싶다. 그냥 아는 것과 실제로 만드는 것은 완전히 다르기에 직접 만들고 발표하는 것까지 꼭 함께한다. 여러 번의 엄브디 과정을 진행하면서 느낀 것은 사람은 '데드라인이 다가올 때까지 미룬다'였다. 물론 사람마다 조금씩은 다를 수 있다. 어떤 사람은 먼저 하기도 할 것이다. 하지만 대부분의 사람은 기한이 될 때까지 미루다가 닥쳐서 한다. 심지어 그냥 포기하기도 한다. 그래서 강의 중에 만들기까지 하는 것이다. 그래야 미루지 않고 바로 만들어서 나만의 드림보드를 완성할 수 있다.

별것 아닌 것 같지만 만들고 나면 보기만 해도 괜히 뿌듯하고 아껴주고 싶은 보물이 된다. 내가 이루고 싶은 꿈이 글씨로도 적혀있고 사진으로도 볼 수 있는데, 누가 좋지 않을까! 그때마다 엄마들의 표정을 잊을 수가 없다.

드림보드를 다 만들고 나면 늘 받는 질문이 있다. "아이의 꿈 보드도 만들면 좋나요?" 그때마다 내 답변은 동일하다. "당연하죠! 엄마가 함께 만들면 아이의 삶이 더 반짝반짝 빛날 거예요!" 아이에게도 꿈이 있다. 그 꿈을 시각화해 놓으면 얼마나 이루고 싶을까? 당연히 행동하게 되고, 실행력이 높아질 수밖에 없다. 드림보드를 만들 때 반드시 다음 두 가지를 생각하자.

1. 삶을 살면서 갖고 싶은 것, 되고 싶은 것, 하고 싶은 것 세 가지를 적는다.

2. 그중 좋은 8~9가지 정도를 추려 인터넷에서 예쁜 사진을 찾아보
자(무료 사이트로 Pinterest나 Unsplash를 활용하면 좋다).

내 꿈을 글로 적고 사진으로 시각화하면, 내 꿈은 더욱 생생해지
고 당연히 이뤄질 수밖에 없다. 어떤가? 너무 쉽지 않은가? 그런데
이 쉬운 걸 하지 않는 사람이 여전히 많다. 너무 안타까운 일이다.

(좌) 2023년 드림보드 / (우) 2024년 드림보드

사진처럼 2023년에 만든 드림보드는 이미 이룬 게 많다. 내 최종 꿈은 80대 멋진 할머니가 됐을 때 손주, 손녀, 자식에게 여유롭게 플렉스하는 것이다. 5년 후에는 '엄마도 브랜드다' 슬로건을 걸고 전국 5개 지역을 다니며 엄마의 브랜드를 알리는 토크쇼를 진행하는 게 꿈이다. 너무 신기하게도 이 꿈은 내가 엄마 사업가가 되겠다고 드림보드를 통해 선언하고서부터 가능했다. 막연하게 "언젠가는 가능하겠지!"라는 생각으로 하루를 보내는 것과 얼마간의 시간이 되기 전 반드시 이루겠다고 긍정, 열정 에너지를 발사하면서 보는 것 중 어떤 사람이 더 잘 이룰 수 있을지 생각해 보자. 후자처럼 매일 도전하고 실행하는 사람을 따라갈 수 없을 것이다.

'드림보드가 왜 중요할까?' 역으로 또 질문을 던져보았다. 5년 후 5개 지역 순회 토크쇼를 하려면 어떻게 해야 할까? 이것이 바로 '역산 스케줄링 방법'이다. 토크쇼를 하기 위해 우선 나의 영향력을 높일 필요가 있을 것이고, 영향력을 높이는 방법은 결국 '콘텐츠 발행'이 될 것이다. 그리고 더 많은 엄브님을 배출하는 것이라고도 볼 수 있다. 나와 만났던 분들의 인생이 바뀌게 하려면 결국 '만나야 한다'.

당신은 5년 후 어떻게 살고 싶은가? 어디에서, 누구와 함께 있고 싶은가? 204p에 혹은 사용하는 플래너에 한 번 적어보자. 그리고 내가 소유하고 싶은 구체적인 경제적 규모도 적어보자. 10억? 30

억? 얼마든 좋다. 내가 목표로 하는 규모를 적고 아침에 일어나서, 자기 전에 읽으며 마음속에 새겨 그 꿈을 향해 주저 없이 나아가자. 당신의 꿈을 이루는 에너지들이 움직이기 시작하고 있다.

5년 후 나는 어디에서 누구와 함께 어떻게 살고 싶은가?

만다라트로 목표를
정하고 계획하라

활짝 핀 연꽃 모양, 아이디어를 다양하게 발상하는 사고 기법을 '만다라트'라고 한다. 만다라트는 일본 야구선수 오타니 쇼헤이가 직접 만든 목표 달성 계획표로도 유명하다. 실제로 그는 이 계획표로 야구뿐 아니라 철저한 자기관리까지 할 수 있었다. 우리도 이 만다라트를 활용해 보자. 만다라트가 당신에게 어떤 가치를 줄 것인지 고민하지 말자. 내가 이 일을 이룰 수 있을지의 고민 따위도 하지 말자. 그냥 떠오르는 생각을 적으면 좋겠다. 내가 중점적으로 이루고 싶은 가장 큰 목표를 정 가운데에 적고 그것을 이룰 방법들을 왼쪽 위부터 적는 것이다.

2023년 3월에 만든 만다라트

가족 워크숍 연말 진행	매일 출근 전 포옹하기	사랑한다고 하루 1번 말해주기	주 4회 러닝 5km	3월 19일 동아마라톤 참가	5월 용인마라톤 참가
부모님께 집밥 대접, 이틀 한번 전화 하기	가족	양가 부모님께 용돈 100만원씩 드리기	4월 28일 바디프로필 촬영 (셀프스튜디오 예약 완료)	건강, 자기관리	10kg 이상 감량 후 유지어터되기
가족끼리 속초 여행가기	화목한 성가정을 이룬다	둘째 계획 5월부터 시작	매일 유산균, 영양제 섭취하기, 2월부터 엽산 섭취	쉬는 날 자세요정 10분 스트레칭하기	11시 취침, 4시 기상 유지하
씽크와이즈 배우기	북스테이 가기	북카페가서 종일 마음껏 책 읽기	가족	건강	나와 내 사업을 알리기 (SNS)
미니멀리즘 실천하기 (매일 15분 정리)	여가 (배우고 싶은 것, 하고 싶은 것)	디지털 드로잉 배우기 (2회 수업 수강 완료)	여가	2023 리치맘세이닝 사업 기반 견고히 하기	재테크
릴스 편집 공부 (리치파카님 강의로 듣기 성공. 2월 실천중)	NFT, 메타버스 공부하기	아카펠라 모집, 대회 나가보기	자기계발 (독서, 공부)	마인드 장착	기버
1년 80권 읽기	월 6권 독서, 한주 1-2권 독서	경제, 경영 관련 책 한달 1권 읽기	모든 일은 다 나를 위함이다. 오늘도 감사했습니다 (선불감사 실행)	긍정확언 적고 외치기	집안일 바로바로 하기
하루100페이지 독서	자기계발 (독서, 공부)	읽은 후 서평 적는 시스템 구축 (서평을 적는 것도 독서에 포함이다)	5분 저널 매일 쓰기	마인드 장착	할 일은 미루지 않고 미리미리 해치우기
하루 1시간 원하는 거 공부하기	아웃풋 독서 꼭 실천하기	창업, 사업, 브랜딩 관련 책 한달 1권 제대로 파헤치며 읽기	매일 입 꼬리 머리까지 올리며 방긋 웃기	감사한 일이 있을 때 상대방에게 바로 표현하기	기적은 행동하는 자에게 찾아온다. 실행 또 실행!

유듀브채널 주 2회 업로드	블로그, 인스타 1일 1포스팅
나와 내 사업을 알리기 (SNS)	종이책 1권 이상 발간하기 (내 책 & 엄마도 브랜드다 공저)
SNS용 프로필 사진 찍기 (완료)	전자책 2권 이상 발행하기(마라톤, 카드뉴스 강의 착안해서 작성)
3월 - 월 300벌기	6월 - 월 500벌기
재테크	2023년 말, 월 1000벌기
가계부 쓰기 모임 가입, 매일 적는 습관 들이기	월 30만원 교육에 아낌없이 투자하기
10명에게 브랜딩 컨설팅 무료 제공 (현재 2명 완료, 2월)	첫 수익 기부하기
기부	플로깅 하기
무료 초대강연 5회 이상 참여	기부런 도전하기

2023년 월별 핵심 목표

【연간 목표: 내 사업으로 최소 월 500 이상 벌기, 나만의 귀인/나의 프로세스 메이커 만나기, 브랜딩 전문가 되기】

1월 : 사업 첫 수익이 나다. 첫 수익은 기부(완료_튀르키예 지진) SNS용 프로필 촬영, 클래스유 강의 과정, 책 쓰기 시작, 가계부 모임 참가

2월 : 내 콘텐츠 리스트 확정, 사업 방향성 명확히 잡기, 내 고객 챙기기, 엽산 섭취

3월 : 3/19일 마라톤 참가, -5kg 감량 완료, 종이책 작성 완료

4월 : 전자책 작성 및 발행 완료, 바디프로필 촬영, 책 탈고 작업 진행

5월 : 둘째 계획 시작, 5/13 용인 마라톤 참가, 종이책 투고 완료

6월 : 브랜딩 컨설팅 10명 무료 제공 완료, 신용카드 없애기, 임신 성공!

7월 : 온전한 1인 기업의 형태를 모두 갖춤 (인블유, 카페 구축 성공)

8월 : 공저 계획하기, 주인공 찾기 (5~6인), 제안하기, 8/19일 전 확정되었다.

9월 : 공저 작가 오프 모임 진행, 공저 작업 시작 (엄마도 브랜드다)

10월 : 책 투고 완료, 출간 성공! 세바시 출연, 유퀴즈 출연 성공!

11월 : 안전하게 아이를 품으며 사업, 자기 계발, 콘텐츠 쌓는 작업 유지

12월 : 월 1000 달성하다! 가족 워크숍 진행

앞의 그림은 2023년 3월에 만든 만다라트다. 2023년 나의 가장 큰 목표는 리치맘세이닝의 사업 기반을 견고히 하는 것이었다. 이렇게 하려면 어떤 걸 해야 할까? 가족과의 시간을 소중히 여겨야 하고, 나 스스로의 건강, 자기관리, 나와 내 사업을 알리는 일, 재테크, 기버 되기, 마인드 장착하기, 자기 계발(독서, 공부), 그리고 쉴 때 제대로 쉬는 여가가 중요하다고 생각했다. 간혹 이 8가지 요소가 혼재되어서 어느 칸에 적어야 할지 헷갈릴 때가 있다. 그럴 때는 한 가지 규칙을 정하면 된다. 예를 들어 8가지 요소 안에 자기 계발이 있는데 운동을 자기 계발 안에 포함해야 할지, 건강에 포함해야 할지 헷갈린다고 하자. 이런 경우 '자기 계발' 안에는 독서와 공부만 포함하고 그 외에는 포함할 수 없다는 규칙을 세워보는 것이다. 그러면 운동은 자연스럽게 '건강' 카테고리에 들어가게 되고, 헷갈릴 필요가 없어진다.

8가지 카테고리를 모두 썼다면 이제 각 카테고리로 행동해야 할 방법론 8가지를 적자. 이때 스스로에게 질문을 하면 좀 더 쉽게 찾을 수 있을 것이다. 사업 성공이 목표라면 '내 사업을 견고히 하기 위해 사업을 알리는 방법은 무엇이 있을까?', '내가 할 수 있는 것은 무엇일까?' 질문해 보는 것이다. 그 답으로 'SNS 활용한 홍보'가 나왔다면 또다시 질문해 보는 것이다.

'어떤 콘텐츠를 다룰까?', '나는 사람들에게 어떤 가치를 줄 수 있을까?', '내가 가치를 전할 대상은 누구일까?' 이런 식으로 질문을 하다 보면 방법론이 구체적으로 나올 것이다. 이 단계는 온라인을 떠나서, 반드시 알아야 하는 질문들이며 스스로에게 끊임없이 질문해 보아야 하는 것이다.

'나는 어떤 목표를 가지고 있는가? 그 목표를 이루기 위해서는 어떤 것을 해야 할까?' 하나부터 열까지 생각해 보자. '내가 던지고 싶은 메시지를 들어줄 사람은 누구일까?', '그 사람이 오게 하려면 어떻게 해야 할까?' 이런 방법들까지도 생각해 보며 하나씩 적는 것이다. 보통 1년을 4분기로 나누는데, 나는 4분기마다 한 번씩 만다라트를 수정한다. 이미 이룬 내용은 삭제하고 새로운 요소를 넣어두거나 아니면 비워두기도 한다.

노파심에 말하지만, '만다라트 표를 전부 작성해야지!'라고 생각하지 않길 바란다. 실제 강의 때도 함께 해보았지만 다 채우는 분들은 많지 않았다. 한 요소당 8개의 방법론을 고민하고 채워나가는 것이 쉬운 일이 아니다. 작성할 수 있는 만큼 작성해 두고 계속해서 보며 고민해 보자. 실제로 해보면 또 다른 방법이 떠오르게 된다. 계획을 하다 보면 조금씩 생각이 정리되고 바뀌기도 한다. 예전엔 내가 반드시 해야 한다고 생각했던 무엇도 시간이 지나고 나면 이미 다른 부분들을 이뤘기 때문에 필요 없어질 때가 있다. 그럴 땐 세모 표시를 해두고 '현재 이런 방향으로 진행되어 지금은 필요 없어짐'이라고 기재해 두고 현재의 방향을 적어두자.

날짜도 함께 적어두면 나중에 기억하기 더 좋다. '그때의 나는 이런 생각을 했구나. 그런데 이렇게 발전해서 다른 방향으로 간 거네?' 이렇게 생각이 정리되기도 하면서 나의 방향성을 다시 한번 점검할 수 있다.

항상 하는 말이지만, 가고자 하는 방향에 대해 계속해서 스스로에게 질문하고 그 방향이 맞는지를 고민하는 일은 더 많이 해도 지나치지 않는다. 다만 그 고민이 행동하는 것을 주저하게 해서는 안된다. 보통 사람 이상의 행동력, 실천력을 보이면서 올바른 방향인지를 확인하자. 그것만이 성공하는 방법이다.

콘텐츠를 만드는 것이 방법론 중 하나라면 콘텐츠 주제를 정할 때 '3개월 이상 꾸준히 올릴 수 있는가'를 생각하자. 한 주제만으로 3개월을 하기보단 파생되는 한두 가지의 주제를 더 두는 것이 좋다. 현재 나의 계정에서는 실행력 인사이트, 맞벌이를 어떻게 더 잘하는지에 대한 인사이트, 엄마의 자기 계발에 대해 다루고 있다. 매번 맞벌이만 다루면 청자 입장에서 조금은 지루하거나 부담스러울 수 있으니 그 부분을 고려한 방법이다.

이 모든 것을 고려해서 만다라트를 작성해 보자. 다 작성했다면 추가로 연도를 기재하고 월별 핵심 목표 칸을 만들어 두자. 8가지 핵심 요소의 매월 목표를 정해놓고 하나씩 도장을 깨면 좀 더 쉽게 이룰 수 있다. 만다라트로 나의 청사진을 그리고 그것을 쪼개 나가는 작업을 계속해서 반복해 보자. 처음에는 쉽지 않더라도 계속하면 익숙해지고 속도가 붙는 것을 발견할 수 있을 것이다. 목표 관리는 당신을 지치지 않고 끝까지 해낼 수 있도록 도울 것이다.

당신의 핵심 가치
네 가지를 정하라

이제 당신은 큰 꿈을 그린 '드림보드'와 그 꿈을 세분화하고 월별 핵심 목표까지 세운 '만다라트'까지 완성되었다. 이제 실행만 하면 될까? 그전에 먼저 핵심 가치 네 가지를 정해야 한다. 이 핵심 가치 없이는 아무리 좋은 목표와 달성하기 위한 실행 계획까지 세웠다고 하더라도 우선순위에서 헷갈릴 수 있다.

8개의 핵심 목표 중에 내가 가장 중요하게 여긴 핵심 가치 4개는 다음과 같다. 가족, 건강, 자기관리, 나와 내 사업을 SNS로 알리기. 수많은 실행 방법, 목표 중 핵심 가치에 부합하는지 여부를 스스로 질문하고, 맞지 않으면 그 방법론이 아무리 좋더라도 폐기한다. 가족을 예로 들면 매일 출근 전 포옹하기, 사랑한다고 하루 1번 말해주기, 고정 수익이 안정되면 양가 부모님께 용돈 100만 원씩 드리기 등으로 작성해 두었다. 실제로 이런 부분들을 매일 챙기려 노력했고 남편과도 더 돈독한 사이로 발전할 수 있었다. 건강도 '주 3회 러닝 5km', '동아 마라톤', '용인 마라톤 참가'를 적어두었다. 실제로 이 두 마라톤 대회에 참여해서 10km를 뛰었다. 나를 SNS에 좀 더 전문적으로 알리기 위해 셀프 프로필 사진도 촬영했다.

이렇게 8가지 중 핵심 가치가 속한 부분을 우선순위에 두고, 나머지 4개도 연이어 배치하면 좀 더 쉽게 실행할 수 있다. 핵심 가치 중에서도 정말 이루고 싶은 것 두세 가지만 뽑아서 월별 목표에 배치하면 집중해야 할 우선 대상이 명확해진다. 실제 내가 작성한 1월 목표를 함께 보자.

1월 : 사업 첫 수익 나다. 첫 수익은 기부!
SNS용 프로필 촬영, 클래스유 강의 과정 시작

이 목표를 이루려면 다음의 질문을 통해 방법을 찾아야 한다.

1) 첫 수익을 무엇으로 낼 것인가? 그리고 기부처는 어디?

2) SNS용 프로필을 찍을 곳을 알아보자. 그전까지 준비할 것은 무엇이지?

3) 클래스유 강의 주제는? 줌으로 찍을까 아니면 장소를 빌릴까?

이렇게 질문을 하면 방향성이 좀 더 명확해진다. 실제로 이 중 진행한 것은 1, 2번이다. 바로 유료 강의를 열어서 수익화했고, 전액 기부하고 인스타그램에 업로드해서 알렸다. 클래스유의 경우는 생각했던 분야를 엄마들의 로드맵으로 바꾸면서 잠시 주춤했다. 그 이후에는 계속해서 실시간 강의, 무료 강의 초청들로 더 이상 진행을 할 수가 없었다. 이렇게 목표를 세워 두더라도 모두 달성할 수 없을 때가 있다. 그럴 때는 언제 하면 좋을지 고민하고 재배치하거나 아예 목표를 전면 수정하면 된다.

월별 목표를 정했다면 '어떻게' 이룰 것인지 방법을 찾아야 한다. 스스로 세운 네 가지의 핵심 가치에 최소 1달에서 3달까지 집중한다. 그러면 60% 이상은 달성할 수 있을 거라 확신한다. 여기까지 읽은 사람들은 어쩌면 이렇게 반문할지도 모르겠다. "저는 아직 회사에 다니고 있는 엄마인데요? 이게 가능한가요?" 내 대답은 YES다. 분명 본인이 알게 모르게 버리는 시간이 있을 것이다. 그 시간만 잘 활용하더라도 가능하다. 자신의 능력을 절대로 과소평가하지 말자. 내려놓고 단정 짓는 순간 당신은 결국 '그런 사람'이 되는 것이다. 당신 스스로 저평가하고 믿지 못하면서 어떻게 성공을 한다는 말인가? 스스로를 믿자.

엄마들 모두 하나의 브랜드로 성장하고 스스로의 힘으로 충분히 돈을 벌 수 있다. 그러기 위해서는 먼저 마인드셋이 되어야 한다.

늘 이 점을 잊지 말자. 나는 엄마들이 행복하길 진심으로 바란다. 스스로 벌 수 있는 돈이 단돈 1만 원이라도, 혼자 버는 힘을 느껴보길 바란다. 그래서 자신감과 자존감을 충분히 장착할 수 있기를 바란다.

한 가지 더 강조하고 싶은 부분은 만다라트를 작성한 후에 너무 자주 보는 것보다는 '일주일에 한 번 정도만 보자'는 것이다. 자주 보면 괜한 압박감에 무조건 해야 한다는 무거운 의무감까지 생긴다. 종이에 쓴 것은 분명히 이루어진다. 다만 그 시간이 얼마나 걸릴지 모를 뿐이다. 이를 유념하여 스스로 만다라트 표 옆에 적어두자.

"나는 20XX년 올해, 온전한 나만의 사업 기반을 갖춘 1인 엄마 사업가로 거듭난다."

땅굴을 파고 들어갔던 과거의 나는 이제 안녕! 실행하고 성장하는 나만 있다. 나는 그 자체로도 훌륭하고 멋진 브랜드다. "나는 나를 사랑해!" 하면서 자신을 쓰담쓰담해 주자.

엄마의 주 5일 일과표를 짜라

 나도 모르게 하고 있는 매일의 루틴이 분명 있을 것이다. 그 루틴에 맞춰 주 5일 일과표를 짜보자. 아무래도 주말에는 아이들도 집에 있다 보니 계획대로 되지 않는 게 부지기수다. 그리고 왠지 주말은 쉬고 싶은 마음도 든다. 그 마음 충분히 이해하기에 주 5일 일과표를 짜는 것이다. 매주 딱 5일만 초집중하자. 내 하루 일과표는 앞에서 계속 얘기했기에 여기서는 현재 나의 월~토 일과표를 통해 예시를 들어보려 한다.

〈워킹맘 주 5일 일과표〉

나는 워킹맘이 아니기에 내 시간을 자유롭게 쓸 수 있다. 만약

워킹맘이라면 아래처럼 만들어 보는 것도 좋을 것이다.

♥나를 사랑하고 남을 사랑하기! 그들의 롤모델!♥							
BLOCK	TIME	월	화	수	목	금	토
성장 3H (4:00~7:00)	04:00-04:15	명상	명상	명상	명상	명상	명상
	04:15-04:30	모닝P	Q.T	모닝P	Q.T	모닝P	Q.T
	04:30-05:00	확언 시각화	확언 시각화	확언 시각화	확언 시각화	확언 시각화	확언 시각화
	05:00-06:00	독서	독서	독서	독서	독서	독서
	06:00-06:30	액션 나눔	액션 나눔	액션 나눔	액션 나눔	액션 나눔	액션 나눔
	06:30-07:00	운동	운동	운동	운동	운동	운동
일 8H (8:30~17:30)							
가정 3H (18:00~21:00)	18:00-19:00	저녁 식사	저녁 식사	저녁 식사	저녁 식사	저녁 식사	저녁 식사
	19:00-21:00	자녀 공부 집안일	자녀 공부 집안일	자녀 공부 집안일	자녀 공부 집안일	자녀 공부 집안일	자녀 공부 집안일
성장 3H (21:00~24:00)	21:00-23:00	공부 독서	공부 독서	공부 독서	공부 독서	공부 독서	공부 독서
	23:00-23:45	기록	기록	기록	기록	기록	기록
	23:45-2400	명상	명상	명상	명상	명상	명상

〈육아맘 주 5일 일과표 예시〉

예시를 참고해서 내 상황에 맞춰 계획표를 짜보자. 이때 절대 욕심부리지 말아야 한다. 조금 무리해서라도 해보겠다고 계획을 짜면 나중에 지쳐서 포기하게 된다. 중요한 건 포기하지 않고 끝까지 해내는 것이다.

TIME	월	화	수	목	금	토
♥책 2권 작가됐다. 예쁜 둘째 감사합니다. 콘텐츠 사랑꾼♥						
새벽 (4:30–6:30)	명상, 확언, 시각화, 독서, PDS (30분)					
	내책쓰기 (5–6시)	프콘 (5–6시)	내책쓰기 (5–6시)	프콘 (5–6시)	내책쓰기 (5–6시)	릴스 메이킹
오전 (9:30–12:30)	10AM 요가	릴스 메이킹 &업로드	10AM 요가	릴스 메이킹 &업로드	10AM 요가	
	11:30AM PT수업		11:30AM PT수업		커잇 강사3기	
오후 (13:30–16:30) *4:30 퇴근*						
가정 (16:30–10:30) *10:00 취침*	18–19 저녁 19–21 샤워, 함께 놀고 잘 준비					

현재 '바로세인' 단톡방에 들어와서 신청서를 작성해 주시는 분들께 일과표 원본 파일을 드리고 있으니 필요하다면 옆의 QR코드를 통해 신청하면 된다.

무슨 일이 있어도 지키는
나만의 루틴을 만들어라

당신은 '나만의 루틴'이 있는가? 여기서 루틴은 특정한 작업을 실행하기 위한 일련의 명령을 뜻한다. 프로그램의 일부 혹은 전부를 이르는 경우에 쓰기도 한다. 나는 회사를 퇴사하고 1인 기업을 하면서 나만의 루틴을 확보하고 그대로 진행하는 것이 얼마나 중요한 일인지를 여실히 깨달았다. 나의 모닝 루틴 중 가장 중요하게 여기는 세 가지는 독서와 운동, 글쓰기다. 세상에서 가장 중요하지만 사람들이 잘 하지 않는 것이기도 하다. 특히 독서와 운동은 앞서 이야기한 것처럼 가장 중요하지만, 가장 미루기 쉽다. 그래서 이 두 가지만은 꼭 제일 일찍 끝내려 노력한다. 이것만이라도 먼저 해내면 하루의 시작이 다른 날과 다르게 느껴진다.

루틴이라는 게 매일 반복되는 일상을 말하는 것이긴 하지만, 나는 그때그때 조금씩 변형해서 적용했다. 책을 써야 하는 시점에는 독서 시간을 조금 줄이되, 집필에 집중하려 노력했고, 마지막 초고 탈고를 마무리할 때는 온전히 그 작업에만 몰두하려 했다. 추가로 확언과 모닝 페이지, 감사일기도 저녁 시간에서 아침 루틴으로 자리를 옮겼다. 잠을 깨고 난 후 따뜻한 차 한 잔과 함께하는 확언 적기, 모닝 페이지 1~2페이지 적는 일은 작은 감정 하나까지도 케어받는 느낌이라 지금도 여전히 내가 좋아하는 활동이다.

평소 내가 '이것만은 꼭 챙겨야지!'하는 무엇인가가 반드시 있을 것이다. 운동, 독서가 될 수도 있고 하고 싶었던 공부가 될 수도 있다. 직장인이라면 필요한 자격증 공부나, 자기 계발을 위한 영어 공부, 경제 공부 등을 우선순위로 정할 수도 있다.

루틴을 만들 때 꼭 해야 할 것이 '시간 만들기'다. 그 시간이 새벽이든, 낮이든, 밤이든 상관없다. 각각의 상황에 따라, 집중도에 따라 정하면 된다. 중요한 것은 꼭 반드시 시간을 정해야 한다는 것이다. 정해놓지 않으면 자꾸만 핑계를 대며 하지 않으려고 한다. 나는 새벽 시간을 사랑한다. 아무에게도 방해받지 않고 오롯이 내 시간을 누릴 수 있기 때문이다. 이 시간은 내가 해결하고자 하는 문제에 해당하는 책을 읽거나, 복잡한 머릿속을 편하게 해주는 걷기, 달리기, 계단 오르기 등을 한다.

머릿속이 복잡하다면 명상, 확언 같은 정적인 활동을 하는 것도 괜찮다. 꼭 새벽 기상을 해야 하는 건 아니다. 본인만의 '미라클 타임'을 정하면 된다. 내가 온전히 사용할 수 있는 시간이 언제인지를 확인하고 그 시간을 다른 사람이 아닌 나를 위해 쓰겠다고 약속하고 지키는 것이다. 보통 쉽지 않기 때문에 밤늦은 시간이나 새벽 시간을 이용하는 경우가 많다.

가끔 그럴 때가 있다. 오늘은 마음 잡고 뭔가 해보려고 했는데 친구에게서, 가족에게서, 지인에게서 전화가 와서 온종일 통화에 시간을 뺏기는 경우 말이다. 그 사람에게 무슨 일이 생겨서 하소연하는 이야기, 누군가를 욕하는 이야기, 부정적인 이야기들이 대부분이다. 통화를 마치고 나면 내 기분도 함께 바닥을 친다. 에너지를 뺏겼기 때문이다.

그럴 때는 애초에 전화를 받지 않고 넘기거나 문자로 '지금 중요한 업무 중이라 통화가 어렵습니다. 문자 남겨놓으면 전화드릴게요'라고 보내는 것도 좋다. 그래야 내 루틴을 지키고, 내 에너지를 보존할 수 있다.

이렇게 말하면 누군가는 "그렇게까지 해서 성공해야 하는 건가요? 친구를 잃어가면서?"라고 말할지도 모르겠다. 꼭 그렇게 해야 성공하는 건 아니다. 다만 그렇게 다 받아준다고 해서 상대에게도,

나에게도 좋은 결과가 생기지는 않는다. 상대는 조금의 후련함을 얻을지 몰라도 근본적인 문제 해결은 어려울 수 있다. 전화한 상대가 나였지만 내가 받지 않았다면 또 다른 누군가에게 전화를 걸었을 것이다. 그러니까 그게 꼭 나여야만 할 필요는 없다. 받지 않았다고 관계가 끝나는 것도 아니다.

나 또한 '들어주었다'라는 미션은 성공했을지 몰라도 내 루틴은 지켜내지 못했다. 어쩌면 상대는 또 며칠 뒤에 하소연하며 전화할지도 모른다. 그 사람이 못돼서가 아니라 그게 그 사람의 '루틴'이기 때문이다. 상대의 루틴에 휘말리지 말자. 내 루틴을 지켜내야 내가 더 단단해지고, 내 가족도, 나도 지킬 수 있다.

지금 스스로에게 묻자. 무슨 일이 있더라도 꼭 지키고 싶은 루틴으로 무엇을 할 것인가? 예전부터 시도했지만 제대로 실행하지 못했던 무언가가 될 수도 있고, 매일 하는 게 쉽지 않아서 하다가 포기했던 무언가가 될 수도 있다. 그게 무엇이 되었든 1~2개를 정하고 구체화해서 실행하자.

시간표를 짜두는 것도 좋다. 만약 늦잠을 자게 되어 그 시간을 지키지 못했다면 그 시간을 언제 만들지 고민하고 바로 배치한다. 만약 계획한 시간 내에 못 했다면 미루지 말고 바로 다음 시간에 해야 할 업무부터 하자. 그날의 일과를 모두 마치면 그때 다 끝내지

못한 업무를 마무리하면 된다. 그렇게 하다 보면 완료된 일이 하나

씩 쌓일 것이다.

06

일주일 단위로 나의 루틴을
점검하고 보완하라

주 5일 일과표도 짰고, 나만의 루틴도 만들었다면 이제 그 루틴이 잘 실행되고 있는지 점검할 시간이다. 점검은 일주일 단위로 한다. 모든 업무가 완료된 일요일 밤도 좋고, 새로 시작하는 월요일 아침도 좋다. 주말에 일하고 평일에 쉬는 경우 그 평일을 기점으로 일주일 단위로 잘라도 좋다. 상황에 맞춰서 자르면 된다. 일주일간 업무를 점검하다 보면 예상했던 것보다 시간이 더 많이 걸린 일, 반대로 빨리 끝난 일, 결국 하지 못한 일, 대신 다른 일을 했던 것 등을 알 수 있다. 그에 맞춰 예상 시간을 조율할 수 있다.

이제는 여러분도 자기만의 규칙을 정해 PDS 다이어리를 쓰거나, 자기 방식대로 시간을 구분하고 있을 것이다. 나처럼 색깔로 시간을 구분할 때 좋은 점은 편하게 색을 정할 수 있고, 결과를 한눈에 확인할 수 있다는 것이다. 어떤 색깔이 많은지에 따라 오늘 많이 놀았는지, 열심히 인풋 했는지 알 수 있다. 루틴을 점검할 때 아래 네 가지 질문을 하면서 색깔도 함께 체크하고 피드백한다.

1. 계획했던 시간을 지켜 잘 수행했는가?
2. 갑작스레 다른 일로 샛길에 빠지진 않았는가?
3. TV에 빠져 하루를 보내버린 적이 있지 않았는가?
4. 하루 온전히 나를 위해 집중한 시간은 얼마나 되는가?

A씨의 사례를 함께 따라가 보자. A씨는 아이를 어린이집에 보낸 후, 늦은 아침 식사를 하다가 갑자기 이것저것 먹고 싶어졌다. 원래대로라면 집에서 가볍게 식사해야 하지만 외식을 하게 되었다. 이때 다이어리에 칠해질 색상의 변경이 생긴 것이다. 이 경우 가족과의 시간이 아니기 때문에 회색(휴식 및 킬링타임)으로 표시한다. 이런 식으로 회색이 많아졌다면 이 부분에 대해 다시 되돌아보며 피드백한다. '내가 왜 삼천포로 빠졌을까? 갑자기 먹고 싶은 충동을 억제할 순 없었을까?'하고 말이다.

질문에 답을 하다 보면 진짜 이유를 찾게 되고, 앞으로의 전략도 세울 수 있다. 가끔 내가 목표한 결과가 오지 않는다고 하더라도 본인을 자책하는 것보다 내가 나 스스로를 더 잘하고 있다고 응원해 주는 것이 필요하다. 온통 반성할 부분만 있었다고 해도 마무리할 때는 꼭 스스로를 안아주며 "그동안 수고했어", "너무 멋지다", "노력한 나를 칭찬해", "지금도 충분히 잘하고 있고, 앞으로는 더 잘하자"라며 토닥여 주자. 누군가가 하는 말이 아닌, 스스로에게 하는 말은 나를 더 단단하게 만들어 준다.

　매일 피드백 내에 잘한 점, 반성할 점, 개선할 점, 앞으로 어떻게 적용할지를 적다 보니 나의 부족한 모습만 발견한 적이 있었다. 그럴 때는 이 네 가지를 아예 적지 않고 나 자신에게 편지를 썼다. 지금도 잘하고 있으니 너무 조급해 하지 말라고. 하루 할 일을 다 못했다는 것에 자책하지 말고 그 자체로 받아들이자고. 엄마로서의 삶도 중요하니 우선순위를 파악하기 위해서라도 루틴 점검은 필수다. 매일 하는 습관을 반드시 들이도록 하자.

07

당신의 하루를
매일매일 피드백 하라

내 성장의 8할, 아니 그 이상은 PDS 다이어리라고 해도 과언이 아니다. 2023년 처음으로 35,000원 거금을 내고 PDS 다이어리를 구입하고, 열심히 작성하면서 내 인생은 180도 이상 바뀌었다. 매일 시간이 없다고 투덜거리던 엄마에서 사업을 조금이라도 잘해보려는 엄마 사업가로, 책 읽을 시간을 조금이라도 내보려 애쓰는 사람으로, 강의를 진행하는 사람으로!

모두에게 24시간은 공평하다. 하지만 그 시간을 어떻게 사용하느냐는 시간을 사용하는 사람에 따라 천차만별로 나뉜다. 당신은 24시간을 어떻게 사용하는가? 매일의 고정시간을 제외하고 하루에 나만을 위한 시간을 어느 정도 사용하는가? 최소한의 내 시간은 몇 시간인가?

나의 최소한의 자기 발전 시간은 하루 2시간 반 혹은 3시간 정도다. 업무를 하는 시간은 아이 등원 후 시간인 오전 10시~오후 4시이며, 아이를 재운 후 시간은 남편과 이야기를 나누기도 하고 휴식을 하는 등 유동적으로 사용한다. 직장을 다니지 않기에 내게 주어진 시간은 꽤 많다. 그럼에도 불구하고 반드시 새벽 시간을 활용하려 노력한다. 내 사업의 발전 그리고 나의 발전을 위한 독서를 할 수 있는 시간이고 모닝 페이지를 작성함으로써 다채로운 아이디어가 떠오르기도 하는 시간이다.

가끔 사람들이 나를 보며 "대표님 대단하세요. 어쩌면 그렇게 지치지 않고 일하세요?"라고 한다. 그럴 때마다 웃으며 아니라고 손사레를 친다. 나도 번아웃이 오거나 체력적으로 너무 힘들 때는 잠을 자기도 하고, 나만의 휴식을 가지며 시간을 보낸다. 이런 시간은 반드시 필요하다.

매주 피드백을 했다면 이제 매일 피드백을 할 시간이다. 사실 매일의 피드백이 쌓여서 일주일 뒤가 바뀌는 것이다. 오늘 다 못 한 것이 있다면 피드백을 통해 일정을 조율할 수도 있다. 매일 피드백하는 나만의 방법을 소개하겠다.

첫 번째, 좌우로 칸을 나누어 왼편에는 하루를 피드백하는 칸, 우측에는 목표를 10번 쓰는 칸으로 활용한다. 새벽에 일어나면 가장 먼저 오른쪽 칸에 나의 목표를 10번 쓴다. 이때 정확하게 이룰 날짜와 수치까지 쓴다. 예를 들면 2024년 30평대 아파트로 이사, 2023년 월 1000만 원 고정 수입과 같은 식이다.

두 번째, 매일 밤 오늘 하루 동안의 일을 피드백한다. 오늘 하루의 좋은 점 혹은 잘한 점(=Good), 반성할 점(=Soso), 보완 개선할 점(=Treatment) 세 가지로 나누어 적는다. 피드백을 적을 때는 최대한 객관적으로, 메타인지를 하며 적는다.

잘한 점 : 오늘은 00 님을 만나서 3시간 동안 책을 읽고 인사이트를 나누었다.

반성할 점 : 00 님과의 만남이 너무 좋아서 시간 가는 줄 모르고 보내느라 결국 콘텐츠 제작할 시간조차 날아가 버렸다. 미루고 말았다.

보완할 점 : 콘텐츠 제작을 할 수 있도록 책을 읽는 모습을 찍거나, 기록해 두자.

이렇게 적었다면 어떻게 보완하고 개선할 것인지도 마지막에 적는다. 예를 들어 '일정이 있는 날에는 새벽 시간을 활용해서 미리 콘텐츠를 제작하고 예약 발행을 해놓자'라고 써두면 비슷한 일이 생겼을 때 콘텐츠 제작을 못 해서 반성하는 일은 줄어들 것이다.

세 번째, 피드백 후 내게 맞는 스케줄을 조정해서 재계획한다. 피드백을 하다 보면 간혹 과도하게 세운 목표 대비 잘 실행하지 못하는 자신을 발견한다. 그럴 땐 스스로 자괴감이 빠지기도 하는데,

이때 하면 좋은 방법은 피드백을 적는 대신 '자신에게 편지를 쓰는 것'이다. 원래 낮에는 콘텐츠를 만드는 일을 하려고 계획했는데 잠에 빠져 버렸다든지, 핸드폰을 많이 봐서 그 시간이 훌쩍 지나가 버렸다면, 그에 대한 자신의 생각을 적고 위안의 말을 적어 보는 것이다. 그러면 자신감이 붙으면서 다시 일어설 힘이 생긴다.

매일을 피드백하며 성실히 하루하루를 사는 것도 상당히 발전적인 일이다. 하지만 매일 하다 보면 지치기 마련이고, 그 스트레스를 관리해야 하는 것 또한 우리 자신이다. 일종의 번아웃이 오거나, 계획했던 하루가 마음대로 흘러가지 않을 때는 잘하고 있다고 짧은 편지도 적어보고 현재까지 세운 계획을 어떻게 보완해서 실행 가능하게 할지도 고민해 보자.

여기서 '메타인지'가 꾸준히 상승하는 것을 알게 될 것이다. 자신의 목표를 매일 설정하고 그것을 해 나가는 것에 있어 사람은 많은 시행착오를 겪는다. 생각보다 잘 해내지 못하는 자신을 발견하고, 마감 시간까지 미루고 미루는 자신을 발견한다. 그럴 땐 반성할 점을 적고 확실히 반성하자. 그런 다음 왜 이렇게 될 수밖에 없었는지를 적고 나면 조금은 마음이 편해지는 자신을 발견할 것이다. 매일 반복하다 보면 조금씩 실현 가능한, 내가 진짜 할 수 있는 목표를 세울 수 있을 것이다. 그러니 하루하루를 소중히 그리고 기쁘게 보내도록 하자.

5장

엄마도 브랜드다

내가 좋아하고 잘하는 일을 선택하라

제목이 너무 뻔하다고 생각했는가? 맞다, 뻔하다. 원래 뻔한 것이 정답이다. 그 뻔한 것을 못 해서 힘들어하는 사람들도 많다. 이 책을 읽는 당신이 정말 하고 싶고 잘하는 일은 최소 한두 가지 또는 그 이상일 것이다. 정말 가까운 남편, 부모님, 나를 최소 5년 이상 봐온 절친한 친구를 제외하고는 내가 잘하고 좋아하는 게 무엇이냐는 질문은 하지 말자. 그 사람들은 나를 정확하게 알지 못한다. 질문을 한다면 다음과 같이 질문하는 것을 추천한다.

"내가 지금 인생의 변곡점을 맞이하려 하고 있거든. 나에게 맞는 일을 업으로 하고 싶은데 나를 오랫동안 봐온 사람으로서 내가 어떤 것을 좋아하고 잘하는 것 같아?"

이 질문은 나 스스로에게도 꼭 묻고 답해 보길 바란다. "내가 좋아하고 잘하는 일이 무엇일까?" 좋아하는 일, 잘하는 일을 각각 50개씩 적어보자. 나는 각각 50개의 목록을 작성한 다음에야 나를 다시 발견할 수 있었다. 신기하게도 50개의 리스트에 많이 포함되어 있던 것이 '사람들'이라는 단어였다. 사람들을 만나고 소통하기, 새로운 사람들 만나기, 리드하기, 힘들어하는 사람들에게 용기 북돋아 주기, 누군가에게 도움이 되기, 진로를 찾지 못한 사람들을 위해 강연하기 등.

생각이 나지 않을 때까지 싹싹 긁어모아서 50가지씩 적고 나서 나 자신을 돌아볼 수 있었다. '아! 나는 사람들과 함께 할 때 에너지를 받고 좋아하는 사람이구나!' 처음으로 강의를 열었을 때도 마찬가지였다. 일방적으로 누군가를 가르치는 것보다 스스로 직접 해보면서 몸으로 익힐 수 있도록 하는 실습형 강의를 하고 싶었다. 그래서 좀 더 시간을 투자해서 커리큘럼을 짰고, 강의가 끝나고 나서 수강생 모두 하나씩 결과물을 만들어 낼 수 있었다. 어찌나 뿌듯하던지!

무언가를 결정하기에 앞서 자꾸 망설여지고 생각이 많아진다면, 아직은 두려움이 많다는 것을 스스로 인정하고 받아들여야 한다. 그리고 경험해 보아야 한다. 새로운 일을 작게 시작하고 경험해 보자. 그게 무엇이라도 좋다. 그리고 꼭 기록해 두자.

캐나다 조던 포팽크 박사 연구팀에 따르면 인간은 자는 시간을 제외하고 평균 6,200가지의 생각을 한다고 한다. 쉴 새 없이 떠오르는 생각은 나를 다른 방향으로 이끌게 두고, 무질서하게 나타났다가 사라져 버리고 만다. 심지어 이 무작위로 떠오르는 생각의 80%는 부정적인 내용이라는 것이다. 이 부정적 생각이 나의 밝은 에너지들을 잠식시켜 버리기 전에 나의 경험에 대한 긍정적인 생각, 경험을 반드시 기록하고 나를 돌아보자. 기억하자. 기록 속에 나만의 답이 있고 나만의 차별점도 있다.

엄마도 브랜드다

"엄마가 브랜드가 되는 게 가능하다고?" 혹시 부정적인 생각이 먼저 든다면 꼭 읽기를 추천한다. 읽으면서 '나는 어떤 브랜드로 성장하고 싶은가?'를 스스로 질문하면 더욱 좋다. 내가 경험해 본 결과 그냥 육아하는 엄마로서 글을 적을 때보다 '어떤 사업을 하는 엄마'라는 수식어가 붙었을 때 생각하는 관점의 차원이 달라진다. 사업을 하고 싶은 엄마들과 함께 공동저자로 책을 쓰고 싶다는 막연한 생각을 했었는데, 곧 이 꿈이 이루어질 것 같다.

이 프로젝트에서 현재 다루고자 하는 주제는 두 가지다. 첫 번째는 액션 독서, 두 번째는 엄마의 브랜딩 스토리다. 액션 독서는 새벽 4시 30분~5시 30분까지 책을 읽고 글을 쓰고 발표하고, 실제 삶에 적용하는 살아있는 독서 모임이다. 나는 여행을 갔을 때도 이 시간을 지켰고 100일의 기적을 이루어 냈다. 실제 액션 독서 멤버들은 새벽 독서를 하고 실행하면서 삶이 완전히 바뀌었다고 한다. 그 이야기를 다룰 예정이다. 그냥 '독서하면 좋아요'가 아니라, '독서한 것을 삶에 적용하면 이렇게 바뀐다'를 얘기하고 싶다. 그래서 많은 사람이 독서를 생활화했으면 좋겠다.

두 번째 주제인 엄마의 브랜딩 스토리는, 실제 브랜딩에 성공한 엄마들의 이야기를 책으로 쓰는 것이다. 5년 후 〈엄마도 브랜드다〉 토크쇼의 꿈을 이룬다면, 그때 출연할 분들을 직접 섭외해서 토크쇼도 하고, 책도 함께 쓸 계획이다. 이 두 가지 중 어느 하나 불가능한 것이 없다고 생각한다. 당신이라는 사람이 '브랜드'가 되고 싶다면 반드시 해야 하는 일 중 하나는 '작가'가 되는 것이다. 그 길은 생각만 해도 기대감으로 기분이 좋아진다. 앞으로도 내가 하고 싶은 것들을 이루는 삶을 반드시 살 것이다. 내가 했으면 이 책을 읽는 당신도 할 수 있다.

2022년 11월 말 퇴사 후 현재까지 약 2년의 시간 동안 누적 수익 3,000만 원 이상을 이루었다. 내 수익 구조는 여러 가지다. 프리미엄 올바른 맞벌이 연구소 수강생, 외부 강연, CPA 강점 분석 상담, 멘토링, 독서 모임, 인스타그램 계정 분석 및 컨설팅 그리고 프리미엄 콘텐츠와 같은 구독형 콘텐츠의 결제 금액도 포함된다.

꾸준히 나를 알리는 '기록'을 하면서 의심의 마음이 스멀스멀 올라올 때마다 망설였다. 이 길이 정말 맞을까? 나에게 정말 이로운 일 맞겠지? 하지만 다른 선택지가 없었다. 그래서 그냥 묵묵히 실행했고, 1년 이상 기록을 한 후에야 그 결과가 조금씩 나오기 시작했다. 누군가는 3달 만에 이루었다고 하고, 누군가는 1달 만에 이루었다고 한다. 그런 말에 흔들리지 말자. 나만의 속도대로 포기하지 않고 가면 무조건 이루어진다. 중요한 건 '중꺾그마(중요한 건 꺾여도 그냥 하는 마음)'다. 하고 싶은 일이 정해졌다면 타깃을 선정하고 그들을 위한 콘텐츠를 발행하자. 그것이 나에게 분명 큰 힘이 되어 주고, 문의를 불러일으키는 강력한 힘이 될 것이다.

내가 브랜드가 되면 알아서 나와 결이 맞는 사람들이 찾아온다. 나 또한 그저 내가 하고 싶은 이야기를 했을 뿐인데 좋은 사람들이 다가왔다. 첫 시작은 드림보드였지만 나중에는 인스타그램 운영 방법, 릴스 활용법 강의까지 확대하면서 컨설팅도 하게 되었고, 나로 인해 변화된 사람들도 생겼다. 자기 계발 관련 유명 인플루언서들을 만나면서 협업 제안도 받을 수 있었고, 서로 전혀 모르던 사이에서 응원해 주는 사이로 발전되었다. 그들과 나의 공통점은 단 하나였다. '엄마'이자 '사업을 하는 사람'이라는 것. 내가 엄마로서 브랜드가 될 수 있었던 방법은 딱 두 가지였다.

1. DID, 일명 '들이대'

맘피던스 이효정 대표님을 만났을 때도, 더 그릿지선 이지선 대표님을 만났을 때도 나를 좀 만나달라고 들이댔다. 분명 대표님께도 도움이 될 거라고, 함께 만나서 이야기 나누고 싶다고 적극적으로 들이댔었다. 이 파급효과는 어마무시한 결과를 초래한다. 왜냐하면 그들을 만난 후엔 그들의 주변 사람들을 자연스럽게 알게 되고 그분들과도 좋은 관계를 유지해 나가면서 더 크게 확장해 나갈 수 있었기 때문이다. 거절당하는 것이 두려운가? 거절 또한 많이 당해 봐야 더 좋은 제안을 할 수 있게 된다. 만약 당신이 누군가를 정말 만나고 싶다면 연락하는 것을 두려워하지 말고 들이대 보자.

2. '나'로서 바로서기

들이대기로 성공한 그들을 만나고부터 이 일을 하는 목적이 더 명확해졌다. 좋은 에너지를 얻으면서 내 콘텐츠 방향과 퀄리티도 좋아졌다. 그러면서 '나'를 있는 그대로 봐주고 응원해 주는 사람들이 조금씩 생겨났다. 여기서 포인트는 '남한테 기대지 말라'는 것이다. 내가 누군가에게 들이댔다고 해서 그 사람이 나를 끌어준다거나 소위 말하는 줄을 설 수 있다는 생각은 애초에 하지 말자. 그저 시간을 내준 상대방에게 진심 어린 감사를 표하고 '내가 그 사람이 되려면 어떻게 해야 할까?'를 생각하며 시원하게 부딪히고 '나'

로서 바로 서자. 그것이 다른 사람을 카피하지 않고 나로서 당당히 사는 것이다.

브랜드는 멀리 있지 않다. 내 꿈을 쓰고, 목표를 세워서 실행하면서 들이대는 동시에 나로서 바로 서는 것. 엄마인 당신은 엄마라는 이름으로 브랜드다.

아무도 찾아주지 않던 강사에서
강사 데뷔 멘토로

강의를 처음 시작하던 당시는 아무도 나를 찾지 않았고 관심도 없었다. "왜 아무도 나를 찾지 않을까? 누군가에게 나를 세워달라고 돈을 줘서라도 부탁해야 할까?" 이런 생각들에 잠기기 마련이었다. 하지만 그때 내린 나의 답은 명확했다. "그렇지 않다." 강사를 하겠다는 원대한 꿈으로 시작한 것이 아니었기 때문이다. 혼자 알고 넘어가기 조금 아까운 정보를 나눠보고 싶어 시작한 일이었다. 내가 필요하다고 느낀 것을 상대에게도 정말 유용한 정보이지 않을까? 고민하고 또 고민하며 작은 것이라도 나누기 시작한 것이다.

기억하고 있는가? 나의 첫 시작은 드림보드를 직접 만들어 보는 강의였다. 코르크 보드에 드림보드를 만드는 강의도 해 보았고, 노션이라는 툴을 활용해 좀 더 예쁘게 꾸며보는 실습도 진행했다. 미리캔버스라는 디지털 툴로 나만의 템플릿을 만드는 실습도 함께 해 보았다. 생각했던 것보다 반응이 뜨거웠다. 실습을 진행할수록 "이런 건 어떻게 만들어요?"라는 질문이 쏟아졌고, 궁금해하는 분들도 늘어났다. 이때부터 내 생각처럼 상대에게도 유용한 정보를 작은 것부터 나눌 수 있었다. 이후 강의 녹화본 요청이 들어와서 1만 원부터 판매하게 되었다.

나는 혼자 알기 아까운 정보들을 나눴을 뿐이다. 그런데 작게라도 수익이 생겼고 나의 이력을 만들어 나가는 기회도 얻게 되었다. 강의를 거창하고 멋지게 해야 한다고 생각하면 힘이 들어갈 수밖에 없다. 괜히 강의 억양 톤이 더 강하게 들어가거나, 폼을 잡게 된다. 수강생은 반드시 이를 알아채고 이탈할지도 모른다.

강의를 시작한 후부터 나에게 조금씩 제안이 들어오기 시작했다. 첫 제안은 강의를 진행하던 중 어떤 한 분으로부터 시작되었다. "엄마들끼리 재능을 거래하는 커뮤니티가 있는데 모임에 참석해 보지 않으시겠어요?" 그렇게 '마미꿈(전 마미꿈, 현 커잇)'이라는 커뮤니티를 알게 되었다. 오프라인으로 진행하는 크리스마스 리스 만들기 원데이 클래스에서 커리어잇다(커잇)의 정이레 대표를 만났다. 그녀와 꾸준히 소통하면서도 내 일을 계속해 나갔다.

1년 동안 함께 작은 프로젝트를 하면서 관계를 쌓아나가다가, 커잇에서 함께 일해보자는 제안을 받았다. 그녀의 제안은 강사를 양성하고 데뷔하게 돕는 '강사 데뷔 멘토'였다. 내가 잘할 수 있을까 고민하던 차에 잘해 보자며 설득해 준 이레 쌤. 그녀는 나에게 마음이 잘 맞는 파트너이자 배울 점이 많은 대표다.

커잇 강사과정은 디지털 툴을 배운 강사들이 현장에서 바로 강의할 수 있도록 하는 과정이다. 5주 동안 진행되며 마지막 5주 차에는 수강생들과 함께 수료식을 한다. 5주는 프로 강사로서의 시작을 돕는 시간이다. 강사로서 잘한 점, 보완할 점을 솔직하게 이야기 나누고 피드백을 통해 성장할 수 있도록 해 나간다. 현재까지 15명의 강사를 배출했고, 데뷔 후 본인만의 강의를 제안받아 진행하는 다혜 선생님, 직접 자신만의 강의를 하고 있는 민서 선생님, 며느리와 함께 과정을 수료하신 종승 선생님까지 멋진 분들과 함께하며, 즐겁게 프로젝트 매니저^{PM}으로서의 역할을 다하고 있다.

현재 커잇에서 이 강사과정을 더욱 확장하기 위한 일들을 진행하고 있다. 더 많은 공공기관에서 엄마들이 강의할 수 있는 자리를 만드는 것, 커잇의 역량을 더욱 키우는 것, 그것이 내가 할 일이라고 생각한다. 어떤 일을 하더라도 강의는 필수로 해야 하는 시대다. 작가도 강의를 하고 대표도 강의를 한다.

나는 혼자 전전긍긍하며 아무도 찾아주지 않던 초보 강사였다. 하지만 내 생각을 작은 것부터 실행으로 옮기기 시작하면서 반전을 이뤘다. 사람들에게 먼저 제안을 받고, 다른 사람을 양성하는 강사 데뷔 멘토가 되었다. 이 모든 것은 함께 하는 분들이 있어 가능했다. 함께 해준 소중한 인연에 감사하다.

올바른 맞벌이 연구소 실천 프로젝트는
오늘도 순항 중

얼마 전 '계획만 세우기 좋아하고 실행하지 않는 엄마'들을 위한 프로젝트를 기획했다. 이는 바로 나를 위한 것이었다. '계획만 세우기 좋아하고 실행하지 않는 엄마'는 바로 나였다. 나는 요즘 세대들이 말하는 MBTI 중 맨 마지막이 P가 아닌 J이다. 생각보다 꽤 설득력이 있다고 느껴지기도 했었는데, 예전의 나는 완벽한 계획형 인간이었다. 계획 세우는 것을 상당히 좋아했고 그 시간을 즐기기도 했다.

문제는 '계획을 세우는 것만' 좋아하고 실행하지 않는다는 것. 아마 지금 이 구절을 읽는 어느 누군가도 이 말에 동의하며 고개를 끄덕이고 있을 거라 생각한다. 계획을 세워놓으면 왠지 내일부터는 잘할 수 있을 것 같은 생각이 들어 '내일부터' 시작하는 계획을 세우고 오늘은 쉬게 되는데, 자기 계발을 하다 보니 그것이 정말 좋지 않은 것이었음을 깨달았다. 그래서 무조건 당장 실행할 수 있는 계획으로 바꿨다. 예전에는 내일부터 할 운동, 식단을 짜놓고 잠자리에 들었다면 이제는 10~15분 걷기라도 바로 행동으로 옮긴다. 별것 아니지만 그 작은 행동의 시작이 내일도 잘 해낼 수 있을 것이라는 믿음으로!

이렇게 하나, 둘씩 실행하고 계획한 것을 미션 클리어 하다 보니 분명 나와 같은 엄마들이 있을 거라는 생각이 들었다. 나는 바로 그런 엄마들을 위한 프로젝트를 기획하고 모집을 시작했다.

현재 내가 진행하고 있는 강의들은 대부분 강의 시간에 직접 적어 보는 시간을 갖는 '실행형' 강의가 많다. 수없이 많은 강의를 들어봤지만, 강의 시간에 많은 내용을 듣고 난 후에 바로 실행으로 이어지지 않고 '많이 공부했다'는 만족으로 끝나는 날이 많았다. 그리고 그 마음은 실행해 내지 못하는 자신을 탓하며 자책하게 했다. 그래서 내 강의는 모두 실행형 강의다. 강의를 위한 강의는 하고 싶지 않았다. 내가 실행하고 싶어서 시작한 강의인데 "여긴 무조건 실행하게 하니까 너무 좋아요!" 하며 좋아해 주시는 분들의 얘기를 들을 때마다 행복하고 삶의 에너지를 얻는다.

여기서 그치지 않고, 내 강의에 오신 분들이 최소 세 개의 가치를 얻어갈 수 있도록 기획한다. 단지 인사이트를 얻고 끝이 아니라 최소 한 개에서 세 개까지는 아웃풋을 만들 수 있도록 한다. 사실 강의를 진행하는 사람이라면 늘 고민하는 점이 이것이다. 다수를 위해 명확한 정보와 팁을 제공하는 강사가 될 것이냐, 아니면 한 사람이라도 실천할 수 있도록 그 사람의 작은 하루를 바꾸는 강사가 될 것이냐. 그 갈림길에서 늘 나 자신을 저울질하고 있다. 아마 이 책을 낸 시점에는 어느 정도는 정리되어 결론을 짓게 될 것 같다.

예전에는 엄브디 기초반이라고 해서 나만의 방향을 잡고, 그것에 대해 온전히 고민하는 강의를 따로 가졌었는데 '실천'에 대한 니즈가 더 큰 것을 느껴서 두 가지를 동시에 진행하고 있다. 강사가 되고 싶다면 하나의 강의를 기획하는 것에서 끝나지 않고 계속해서 내 고객의 반응, 피드백을 보며 강의를 진행해야 한다. 가끔은 즉흥적인 기획도 필요하다. 계속 기획만 하고 그 기획안만 수정하다 보면 결국 실행하지 못하는 불상사가 발생하기도 한다.

너무 계획만 하는 엄마들이여! 일단 작게라도 저질러보자. 그러고 난 다음 수습하자. 엄마의 삶은 변수가 너무나 많다. 계획을 잔뜩 세워놨는데 아이가 아프다거나, 가족 행사가 생기는 등 틀어지는 일이 꼭 생긴다. 그러면 정해놓은 강의 시간을 맞추기 어려울 때도 있다. 이럴 때는 라이브 강의만 고집하지 말고 VOD를 미리

찍어서 판매하거나 그룹 멘토링 시스템을 갖추는 것을 추천한다. 강의 여러 개를 쭉 찍어두고, 강의를 보고 끝이 아닌, 1:1로 피드백해 주는 방식이 현재까지는 제일 좋은 방법이다. 아이가 어릴 때는 등원하는 시간인 오전 시간을 활용해서 강의하는 것도 좋다.

꼭 밤에 라이브 강의를 해야 한다면 아이가 규칙적으로 잠든다면 괜찮지만, 그렇지 않다면 가족의 도움이 필요하다. 그 도움이 잦아지면 결국 불화가 발생할 수도 있으니 조율이 필요하다. 강의를 한다면 모든 부분을 고려해서 상황에 맞춰 계획해 보자.

매일 엄마로만 살고 싶지 않은 그대들에게 전하고 싶은 편지

시험관 시술, 임신 기간 중 2개월간의 입원, 결코 쉽지 않았던 출산. 그 이후에도 저의 삶은 모든 순간이 쉽지 않은 선택의 연속이었습니다. 임신 당시, 자궁 경부 길이가 짧아졌다는 말을 들었지만 자기 계발만큼은 절대 놓지 않았습니다. 그때 하지 않으면 안 될 것 같아 고집을 부렸습니다.

그러다 조산기가 있고 절박유산의 위험이 있다는 진단 후에야 모든 것을 내려놓을 수 있었습니다. 주변에선 이참에 즐겨라, 아이 낳으면 고생이니 편하게 누워서 즐길 시간이라고 했지만, 그 말들이 전혀 와닿지 않았습니다. 아이를 낳기도 전에 약간의 우울 증상까지도 겪었습니다. '내가 이렇게까지 해서 애를 낳아야 하나'란 생각까지 했던 그때, 저의 마음을 바꾼 것은 결국 아이였습니다. 나 하나만을 바라보고 뛰고 있는 작은 심장, 어렵게 와준 그 아이에게 고마워서라도 그러면 안 되겠다고 다짐했습니다. 하루하루를 정말 '보내는 것'에 집중하며 지냈습니다.

오로지 10개월 동안 안전하게 품겠다는 목표하나만 가지고 말이죠. 그렇게 저는 소중한 아이를 품에 안을 수 있었습니다.

살다 보면 엄마로만 살아야 하는 시간이 반드시 있습니다. '왜 내가 다 포기해야 하나. 왜 나만!'이라는 생각이 들기도 하지만 이 시간이 있기에 오롯이 나로서의 시간도 가질 수 있습니다. 지금 당장

은 매일 아이와 함께 뒹굴며 전쟁 같은 시간을 보내고 있을지 몰라도, 매일 하는 것 없이 시간만 보내고 있을지라도 분명 그 시간은 필요합니다. 젊었을 때 열정적이던 내 모습과 완전히 반대되는 모습에 우울해지기도 하고, 거울 속 내 모습이 미워 보이기도 할 거예요.

괜찮아요. 지금 당신, 정말 너무 예뻐요. 진심으로 아름답습니다. 그러니 조급해하지 말아요. 엄마라는 이름을 가진 것만으로도 당신은 충분히 아름답고 멋집니다.

마음속의 소리에 귀 기울이세요.
그 소리를 따라가 보세요.
정답은 당신 안에 있습니다.
사랑합니다. 감사합니다. 덕분입니다.

부록

바로세인 BEST 질문 10가지

1. 세인님은 어떻게 그렇게 실행을 잘하세요? 실행을 잘하는 나만의 팁이 있으신가요?

실행을 잘하는 나만의 팁이라…. 저는 하고 싶은 일이 있다면 제가 가진 목표에 부합하는 일인지를 먼저 생각합니다. 제 5년 후 비전은 엄마 사업가를 500명 이상 양성하고 싶은 것입니다. 트레이닝 시키고, 그들이 정말 커리어를 이어 나갈 수 있게 돕는 것이지요. 만약 제가 어떤 강연회를 초대해서 진행한다고 했을 때 "나의 고객에게 이것이 도움이 되는가? 그들이 좋아할 것인가?"를 생각합니다. 그 방향이 맞는다면 주저 없이 도전하는 편입니다. 그리고 저만의 '영감 노트'를 들고 다닙니다. 나를 브랜딩 하기 위해 내가 꼭 해야 하는 것이 갑자기 떠오를 때, 그것을 꺼내 적고 또 잊어버릴 때 읽곤 합니다. 누군가와 대화할 때 메모하는 습관이 있습니다. 그 사람이 기억나지 않더라도 메모를 보면 다 기억이 납니다. 사람을 만난다는 것은 또 하나의 영감을 주는 일이라 메모하고 또 그것을 행동으로 옮기려고 노력합니다. 중요한 것은 "나의 비전에 부합하는가?"입니다.

2. 저도 세인님처럼 나만의 강의를 해보고 싶어요. 어떻게 하면 내 강의로 수익을 낼 수 있나요?

1) 본인의 경험을 인수분해 해보세요.

나의 커리어, 알바, 인턴 등 모두 해당됩니다. 어떤 경험이든 적어보세요. 예를 들어 다음처럼 경험마다 여러 가지 능력으로 나누어 보세요.

기획팀장

→ 현장 대응 경험, 영어 소통 능력, 기획 능력,

제안서 작성 능력, 팀 빌딩, 의사소통 능력

재무회계

→ 결산 능력, 숫자에 강함, 사무 능력

외식업 홀 매니저

→ 손님 응대, 영업 능력, 청소, 서빙

여기서 중요한 것! 나 자신을 과소평가하지 마세요. 내가 가진 모든 능력을 적어보세요. 하나씩 다 떼서 적는 겁니다. 그다음에는요.

2) 어떤 강의를 할 수 있을지 적어보세요.

그 경험들을 통해 현재 내가 어떤 강의를 할 수 있을지, 하고 싶은 강의까지 다 적어보세요.

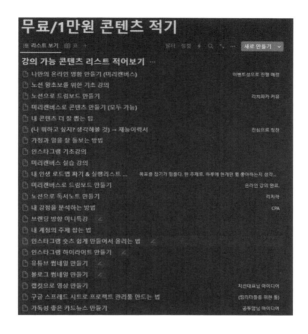

이미지는 제가 처음 강의를 계획할 때 작성했던 경험들입니다. 지금은 더 많아졌겠네요. 어떤 것에 비용을 투자하시고 배우셨다면 보완 추가하세요. [자신이 배운 것 = 강의할 수 있는 것]입니다. 나만의 것으로 만들어 강의가 가능한 것을 항상 업데이트해 나가세요.

3) 나만의 작은 프로그램 만들기

추려진 강의 리스트 중, 나만의 작은 프로그램을 만들어 보세요. 처음은 무료 → 1만 원 → 2만 원으로 만들어서 시작해 보세요. 첫 시작 한 달부터 많은 수익을 얻을 순 없습니다. 하지만 1만 원, 2만 원으로 가격을 높여나가는 전략을 쓰는데 2만원×15명이 모인다면 30만 원 충분히 가능하실 겁니다. 기억하세요. '코끼리도 한입씩'이라는 것을요.

3. 초보 챌린지 리더, 비용을 내고 오시는 분들인데도 열심히 하지 않으실 때 왜 이렇게 맥이 빠질까요…? 수강생분들이 열심히 하지 않을 때 어떻게 하면 현명하게 대처할 수 있을까요?

모두가 잘 해낼 수 없음을 인정하세요. 고객은 대표님께 그 문제를 해결하고 싶어서 찾아왔습니다. 문제의 의미는 해결하기 어렵거나 난처한 대상, 또는 그런 일입니다. 그만큼 해결이 어렵기에 대표님을 찾아오신 거예요. 맥 빠지고 못 하는 것이 당연하다는 것을 받아들이세요. 긍휼하게, 1명의 고객만을 바라보면서 그들을 생각해 보시는 마음을 가져보세요. 그 1명의 뒤에 250명이 있습니다. 마지막은 '지속'하세요. 힘들다고 그만하시고, 어렵다고 멈추시고 그러면 수강생분들은 대표님이 그 일에 전문가라고 생각하기 어렵습니다. 지속하기로 마음먹으셨다면 계속해서 그것을 유지하세요. 감히 말씀드리지만, 1~5기까지가 제일 힘듭니다. 그 어려운 시기를 버텨내세요. 그 지속하는 행위를 통해 우리는 또 더욱 성장하고 업그레이드가 됩니다. 챌린지를 운영하면서 보완할 사항은 없는지, 그리고 지속하면서 이런 부분은 덜어내면 좋겠다는 것이 무엇인지? 면밀하게 관찰하고 고객에게 물어보시면서 '지속'해 나가세요. 힘내시라고 관련된 유재석 님의 명언 선물드립니다! "돌을 맞으면서도 우린 계속해 나가야 해요. 맞고 주저앉아 버리는 순간 그 자리에서 끝나게 되니까요."

4. 책임감을 느끼고 해야 하는 일에 고객이 제대로 해주지 않아서 큰 손해가 났어요. 저도 사람인지라 고객이 미워지는 마음이 듭니다. 어떻게 하면 조금 더 마음을 잘 다스릴 수 있을까요?

【실제 질문】
집밥 관련 챌린지 콘텐츠를 올리고 있는 32세, 5살 아들 엄마입니다. 프로그램을 운영하게 되면서 손이 부족하여 한 멤버님을 리더로 모시게 되었어요. 그런데 프로그램에 소홀한 모습을 자꾸 보여줍니다. 프로젝트를 잘 진행해야 하는데 고객에게 민폐를 끼칠까봐 마음이 좋지 않아요. 이럴 땐 어떻게 마음을 전환할 수 있을까요?

프로그램에 소홀한 모습, 고객에게 민폐를 끼칠까 봐 마음이 껄끄럽고 불쾌한 '사면초가'와도 같은 상황에 마음이 힘드실 것 같아요. 그래서 "리더는 마인드셋이 8할"이라고 하나 봅니다. 다스리고 또 다져가며 고객을 더 이해하게 되는 것 같아요. 소중한 기회를 드렸는데도 왜 그 기회를 소홀하게 받아들일까? 그럴 때 우리는 어떻게 대처하는 것이 대표님과 고객 모두 좋은 방법일까요? 저의 솔루션을 말씀 드려보겠습니다. 저의 멘토님이신 1인 기업의 대가, 김형환 교수님의 말씀입니다.

1) 고객이 미운 근원적인 이유를 파악하세요.

❝왜 소홀하게 할까?
→ 이는 결국 고객의 입장이 이해가 안 된다는 것이다.❞

대표님이라면 저렇게 절대 하지 않을 것이라고 생각하실 거예요. 하지만 개개인의 상황은 모두 다르고, 말할 수 없는 이유가 있을 수 있다는 것입니다.

2) 나 자신의 부족함은 없는지 생각해 보세요.

대표님은 누군가에게 도움을 주려고 하면서도 왜 그 사람을 이 해하지 못하시나요? 분명 나는 그 사람에게 도움을 주려고 최 선을 다했을 겁니다. 그럼에도 따라오지 못하는 것은 '그분의 몫'이지요. 여기서 다시 한번 생각해 볼 것은 "이해하지 못하는 그 마음 = 결국 리더로서의 나는 아직 그릇이 작구나." 이렇게 깨닫는 것입니다. 사업을 진행하다 보니 여전히 스스로가 부족 하게 느껴질 때도 있고, 사업을 함에 있어서도 그릇이 더 커져 야 한다는 것을 저 또한 많이 느낀답니다. 결국 모든 것은 나를 위함이라는 마음, 그리고 내가 아직은 조금 더 이해하려는 그 릇이 커져야 한다는 마음에서 비롯되는 것 같아요.

3) 이 모든 것은 민폐가 아닌 경험이라고 생각하세요.

하기로 마음먹었다면, 끝까지 해야 합니다. 고객과의 약속을 지켜야 합니다. 사업을 하며 수많은 문제를 우리는 만날 것입 니다. 모든 사람이 나 같지는 않다는 점, 늘 잊지 마세요. 우리 는 경험으로써 내 고객 모두를 포용합니다. 이 마음으로 바라 보려는 노력 함께 해보시면 좋겠습니다.

5. 경단녀 5년 차, 저도 어디선가 인정받을 수 있나요? 첫 시작은 어떻게 해야 할까요?

우선 어떤 인정을 위한 '첫 시작'을 하기로 마음먹으신 것에 대해 진심으로 축하드리고 잘하셨다고 응원해 드리고 싶네요! 경단녀 5년 차, 생각이 많아질 시기일 것 같아요. 일을 오랫동안 하지 않다 보니 나를 어디서 써줄까… 어떻게 시작할지 알려드려 볼게요.

1) 자기 계발을 시작하세요.

여기서 제가 말하는 자기 계발은 독서, 글쓰기, 운동입니다. 이 중 하나라도 현재 하고 계신다면 잘하고 계시는 것입니다. 저는 여기서 반드시 독서와 글쓰기를 먼저 하시라고 말씀드리고 싶습니다. 왜 독서와 글쓰기냐고 물으신다면 독서는 인풋, 글쓰기는 아웃풋이기 때문입니다. 독서를 하시면 현재의 상황에 대해 자꾸 생각하게 되실 겁니다. 그리고 책을 읽으시면 자꾸 무언가를 적고 싶은 욕구가 생기실 거라 확신합니다. 그렇게 인풋과 아웃풋을 하게 되는 겁니다. 분명 무엇인가를 읽고 쓰셨다면 조금이라도 내 머릿속 생각들이 바뀌게 되실 겁니다.

2) 인생 책을 만나세요.

제가 앞서 소개해 드린 책들이 있지요? 저의 인생을 바꾼 책들입니다. 지금도 힘들 때 꺼내서 읽을 만큼 애정이 가득한 책이니 꼭 읽어보세요. 목적의식을 가진 독서는 할 일을 만들어 줍니다. 독서는 가슴을 뜨겁게 만듭니다. 제가 추천하는 저의 인생 책을 꼭 읽어보세요. (p.51 참고)

3) 나만의 시간을 확보하세요.

하루 약 2시간 정도의 나만의 시간을 확보하세요. 하루 24시간 중 가장 집중이 잘 되는 시간을 이용해서 독서와 글쓰기, 나를 돌아보기를 해보세요. 24시간 중 22시간이 "내 시간이다"라고 생각하세요. 2시간은 '나를 위해 집중하는 시간'으로 사용해 보세요. 개인마다 다르겠지만, 저는 새벽의 에너지를 사랑합니다. 밤에 집중이 잘되시는 분은 밤에 새벽이 좋으신 분은 새벽에 하시면 됩니다. 제가 운영하고 있는 실행크루에서는 새벽 독서, 글쓰기로 함께 하며 꿈을 실행해 나가고 있습니다. 함께 하는 에너지를 받고 싶으시다면 함께 하세요!

6. 1년 차 초보 엄마 사업가입니다. 남편과의 다툼 시 돈이 안 된다고 무시를 많이 받는 편이에요. 어떻게 수월히 이 시간을 보낼 수 있을까요?

먼저 1년간의 사업을 지속해 온 우리 엄브님을 칭찬하고 싶습니다. 쉽지 않은 여정을 걸어오셨고 아이 보면서도 하기 쉽지 않으셨을 텐데. 육아와 일을 병행하는 것은 워킹맘이든, 전업맘이든 결코 쉬운 일이 아니에요. 그럼에도 지속해 온 이유는 꿈이 있으신 것 같아요. 어떤 꿈이든 명확히 그려보실 수 있도록 솔루션을 준비해 보았어요.

1) 현재 상황을 체크해 보세요.

현재 가계의 상황을 체크해 보세요. 한 달 남편의 월급 / 나의 수입 그리고 한달 숨만 쉬어도 나가는 돈(아이 기저귓값, 어린이집 회비, 보험, 가계대출, 집의 겟돈 등등)

→ 남편 수입 + 내 수입 체크

→ 한 달 지출 상황을 체크

→ 어느 정도의 적금을 하고 있는가?

그리고 이상적으로 어느 정도를 벌어야 저축도, 현재 생활도

넉넉히 할 수 있을지 확인해 보세요. 여기서 중요한 점은 "자책하지 않는 마음"이에요. 현 상태를 점검하고 "내가 왜 이것밖에 못 했을까…" 자책할 수 있어요. 여기서는 자책하지 않는 마음이 필요해요. 그거 아세요? 엄브 멤버십 그레이스님의 가계부 챌린지에서 가계부를 쓰면서 돈 공부를 시작할 때, 저의 카드 내역서를 마주하는 것이 세상에서 가장 힘들었답니다. 그 직면의 순간만 꾸욱 참고 나니 마주하게 되더라고요. 자책하지 말고 개선하자는 마음! 잊지 마세요.

2) 역산 스케줄링을 하세요.

**역산 스케줄링: 최종 목표 달성의 시간, 즉 미래를 기준점으로 역산하여 지금 당장 할 일을 선택하는 방식

최종 목표를 정해두고, 그것을 하기 위해 필요한 중간 점검다리들을 역산해서 배치하고 그 목표들을 위해 할 일을 선택하는 것입니다. 예를 들어보겠습니다. 저의 경우 2033년 45세가 되는데, 그때 임대사업 & 공간대여사업으로 모임 장소를 대여하고 비용을 받는 일 그리고 제 강의를 전국/해외에서도 하는 사업가가 되고 싶습니다.

1) 전국/해외 강연가

2) 두 아이 엄마

(첫째 14살 / 둘째 9~10살)

3) 공간대여사업

4) 순자산 어느 정도 이상

이렇게 작성하다 보니, 공간 임대같은 부동산 사업을 해보려면 돈 공부를 포기하지 말고 지속해야겠다는 생각이 들었습니다. 큰 목표를 작게 쪼개서 현재 할 일을 한번 생각해 보시길 추천 드립니다.

3) 남편과의 진솔한 대화를 해보세요.

앞서 말씀드린 두 가지를 모두 다 하셨다면, 이제는 남편과의 진솔한 대화를 할 차례입니다. 아마 1, 2번을 하셨다면 이 생각이 드셨을 거예요. '내 사업의 진행 방식을 설명해서 신뢰를 주자!' 어쩌면 남편이 무시했던 이유는 무언가를 열심히 하는데 '돈'은 안 되고 있는 그 시간에 대해 잘 몰랐을 가능성이 크기 때문이죠. 1, 2번을 다 해본 결과 현실적으로 돈을 벌어야 한다면 일을 병행하는 방법도 있을 겁니다. 함께 상의해서 현명한 방법을 도출하실 수 있기를 바라겠습니다.

7. 세인 님이 생각하시기에 1인 엄마 강사, 사업가가 해야 할 일 / 하지 말아야 할 일이 있을까요?

【실제 질문】
집에서 6살 아들 키우고 있는 전업맘입니다. 엄마로서 사업을 해보고 싶은데, 사업가 혹은 강사가 해야 할 일과 하지 말아야 할 일이 있을까요? 자꾸 일을 시작하기 전에 많은 것을 따지고 재려는 제 모습이 아직도 싫지만 바뀌지 않네요ㅠㅠ

많은 것을 따지고 재려고 하는 내 자신에 대해 자책하지 마세요! 엄마로서의 우리는 '안정'이 우선입니다. 어떤 일을 하는 데에 있어서 너무 큰 돈이 들어서 집에서 살 수 없거나 당장 생활이 힘들어지면 절대 안 되겠지요? '안정'을 추구해야 하는 엄마의 마음은 당연한 것입니다. 무엇인가를 시작함에 앞서 재려고 하고 따지는 그 마음의 근원을 살펴볼 때입니다. 두려움? 막막함? 마음의 근원을 먼저 확인해 보세요. 어떤 마음이 있으실까요? 나 자신의 마음을 돌아보는 것도 숙제더라구요. 이제 정말 질문하신 고민에 대한 답을 드려보도록 해볼게요! 엄마로서 일하는 사람, 엄마 사업가 혹은 강사로서 일하고 싶은 사람은 어떤 일을 해야 하고 어떤 일을 하지 말아야 할까요?

1) 해야 하는 것은 무엇일까?

우리가 이 일을 하며 반드시 해야 하는 것은 무엇일까요? 육아, 일, 남편과의 관계, 시댁, 친정, 친구, 가족 행사 등등 우리는 많은 일들을 하고 또 많은 역할을 합니다. 하지만 저는 이 모든 것을 잠시 다 제외하고, 1인 엄마 사업가로서의 입장만 대변해 볼게요.

"내가 이 일을 끝까지 지속해야 하는 이유가 담긴 사명과 비전을 갖추세요."

여러분의 사명과 비전은 무엇인가요? 저의 사명과 비전은 이렇습니다!

김세인의 사명은 내 일을 하고 싶은 3040 엄마들의 꿈을 실현하기 위해 열정, 성장, 사랑을 바탕으로 지금 바로, 엄마들의 실행을 돕는다.	김세인의 40세(2028년) 비전은 1000명이 넘는 관중 앞에서 엄마 사업가 5인과 〈엄마도 브랜드다〉 토크쇼를 진행한다.

사명과 비전 또한 꾸준히 이 일을 하면서 수정해 나갈 수 있겠지요. 하지만 '엄마들을 돕고자 하는 마음'은 변함이 없습니다.

여러분은 어떤 사명과 비전을 가지고 계신가요? 혹시 아직 사명, 비전이 없으시다면 반드시 나만의 사명과 비전을 가져보세요. [나의 사명/ 비전을 정하는 것의 가장 중요한 것 : 어떤 고객을 만날 것인가, 5년 후 나의 꿈은 무엇인가?]를 생각해 보고 사명과 비전을 정하는 것입니다.

8. 좋아하고 잘하는 일을 하라고 하는데, 그게 뭔지 모르겠어요. 어떻게 제 적성을 찾을 수 있을까요?

【실제 질문】
이제 경력 단절 약 3년 정도 된 40세, 4살 아이 엄마입니다. 좋아하고 잘하는 일이 적성이라 그걸 찾아서 하라고 하는데 그게 도대체 뭔지 모르겠어요. 어떻게 제 자신을 찾을 수 있을까요?

먼저 나를 돌아보시는 그 시간을 가지셨다는 것만으로 잘하셨다고 칭찬해 드리고 싶습니다! 우리는 다른 사람들의 강점은 잘 보면서 나 자신을 잘 보지 못할 때가 많아요. 그럼에도 불구하고 이 질문을 하셨다는 것은 '나 자신'을 찾고자 하는 노력을 시작하셨다고 볼 수 있어요! 좋아하고 잘하는 일을 하라고 하는데, 그게 도대체 어떤 건지 모르겠을 때가 많지요. 가끔 그럴 땐 가슴이 답답해지곤 합니다.

❝ 나의 좋아하는 일, 잘하는 일은 도대체 뭘까?
어떻게 생각해 볼 수 있을까? ❞

1) 나의 경험을 돌아보세요.

나의 10대, 20대 그리고 현재까지를 나열해 보면서 어떤 일이
있었는지를 생각해 보세요. 생각하시는 것에서만 끝내지 마시
고, 손으로 직접 적어 보면서 경험들을 한눈에 볼 수 있도록 해
보세요.

예를 들어,

10대 : 새로운 학교 전학, 합창단 동아리 시작, 알토로 활동

20대 : 호텔경영학과 전공, 인턴십으로 호주 다녀옴

그리고 지금 남편은 어떻게 만나게 되었는지, 내가 그 사람에
게 끌렸던 부분은 무엇이었는지, 정말 많은 일과 이유가 있을
거예요. 나 자신을 조용하게 한번 바라보세요. 나는 어떤 사람
이었나? 내가 겪어온 경험은 무엇인가? 나 자신을 객관적으로
바라보려 노력해 보세요. 이때 잘 모르겠다면 가장 가까운 친

구나 가족에게 한번 물어보세요. "내가 어떤 경험을 했고, 나는 어떤 사람인 것 같아?" 더불어 여러분의 강점과 약점도 한번 진솔하게 물어보세요. (이때 남편과 싸우기 금지!!)

2) 나 자신을 먼저 구하세요.

생계란, 살림을 살아 나갈 방도 또는 현재 살림을 살아가고 있는 형편을 뜻하죠. 여러분의 현재 생계는 어떻게 이루어지고 있나요? 저는 변동과 고정지출을 잡아 가계를 운영해 오고 있습니다. 가계부를 작성한 지는 9개월 정도 된 것 같아요. 여전히 공부를 하는 중이지만, 나의 생계가 어떤지를 파악하고 수입과 지출을 보는 노력을 하셔야 함을 말씀드립니다. 이때 파악하셔야 할 것은? 전체소득 그리고 한 달의 변동, 고정지출입니다. 신용카드를 사용하신다면, 신용카드 내역서 3개월을 분석해 보세요. 핵심은 결국 '나 자신의 생계'가 우선이 되어야 한다는 것입니다. 내가 나를 먼저 구해야만 다른 사람을 구할 수 있습니다.

3) 매일 작은 실행을 계속하세요.

1, 2번을 모두 생각해 보셨다면 다음은 "매일의 작은 실행"입니다. 저는 여기서 계속 강조했던 독서를 다시 한번 말씀드립니

다. 독서를 하면 인간은 생각을 하게 됩니다. 그리고 자꾸만 발전하고 싶어집니다. 그것은 인간의 기본적인 욕구라고 해요. 인생의 전반적인 로드맵을 계획하고, 그 로드맵에 맞는 '사소한' 실행을 지속하는 것 저는 그것이 전부라고 생각합니다.

여기서 제가 역으로 여러분께 질문해 볼게요!

❝5년 후 여러분 자신은 지금 무엇을 하라고 이야기할까요? 생각해 보세요.❞

9. 온라인에 나를 드러내기가 두려워요. 나 자신을 보이지 않고도 사업을 할 수 있을까요?

> 【실제 질문】
> 온라인에서 조금이라도 수익을 내보고 싶은 40대 초반, 경력 단절 7년 차, 초등학교 6학년 딸을 키우는 엄마예요. 여전히 저는 제 얼굴을 온라인에 오픈하는 게 꺼려지고 두렵습니다. 인스타그램에서 나 자신을 드러내지 않고도 하업을 할 수 있을까요?

마음속 불편함이 있으실 수 있어요. 답을 드리도록 하겠습니다. 나 자신을 드러내는 것이 조금 더 신뢰감은 높지만, 드러내지 않고도 충분히 가능합니다. 단편적인 예로 '하와이대저택'

님을 들어볼 수 있겠는데요. 유튜브를 예로 들긴 하겠지만, 모든 매체에서 동일하게 작용합니다. 초반 하와이대저택님 은 얼굴을 공개하지 않았었습니다. 그렇게 콘텐츠를 계속 쌓아나가셨고, 메가 콘텐츠가 생기기 시작하면서 팬덤이 생겼습니다. 그 이후 얼굴을 공개했고 지금은 작가로서도 아주 다양한 분야에서 마인드 전문가로 활동하고 계십니다. 얼굴을 드러내지 않으면서도 어떻게 하면 생동감 있게 고객과 소통할 수 있을까 싶으시다면?

1) 내가 되고 싶은 페르소나를 설정하세요.

여러분이 되고 싶은 모습은 무엇인가요? 너무 장기적인 목표가 아니어도 됩니다.

❝ 월 100만 원 이상을 온라인으로 버는 엄마

은퇴한 분들을 위한 재무설계가, 집에서도 회사만큼 버는 엄마

아이도 키우고 나도 키우는 엄마 ❞

1) (페르소나) 어떤 사람이 되고 싶은가?

2) (콘텐츠) 어떻게 할 것인가?

3) (실행, 목적) 무엇을 할 것인가?

이런 타이틀이 저는 떠오르네요. 현실적으로 생각했을 때 나의 페르소나를 적어봅니다.

2) 브랜딩 네임 생성하기 = 입에 딱 붙는 닉네임을 만드는 작업의 중요성!

예전 저의 닉네임은 '리치맘세이닝'이었습니다. 막연히 부자 엄마가 되고 싶은 마음 + 저의 이름을 붙여 만든 닉네임이었어요. 세이닝, 세인님, 리치맘님, 부르는 사람들의 명칭이 모두 달랐어요. 세이닝님. 이렇게 적기만 해도 상대방이 얼마나 부르기가 불편했을지 느껴지시죠…? 지금은 '바로세인'으로 바꿨답니다. 바로 실행하도록, 바로 서도록 돕는 사람. 딱 와닿지 않으신가요? 닉네임은 4글자 혹은 3글자가 딱 편한 것 같습니다. 처음부터 완벽한 이름은 없습니다. 짓고 또 보완한다고 생각하시고 이름을 지어보세요.

3) 내 카테고리의 콘텐츠 발행하기

이제 여기까지 어느 정도 정해지셨다면(전체적인 윤곽이 나오셨다면) 콘텐츠 발행을 시작하셔야 할 때입니다! 인스타그램 / 블로그의 콘텐츠 발행을 병행하면서 내 콘텐츠 발행을 시작해보세요.

❝ 어떤 명칭으로, 어떤 키워드로 검색되고 싶으세요? ❞

저는 [엄마브랜딩, 인스타그램 브랜딩, 실행 멘토, 실행 코치 = 인스타그램, 실행, 브랜딩, 강사 데뷔]가 키워드가 될 것 같아요. 적은 키워드는 또 확인해 보아야겠지요? 검색되고 싶은 키워드를 생각하고, 그 키워드를 확인하고 또 내가 발행할 수 있는 콘텐츠를 확인하는 것이 우선입니다. 인스타그램이라면 요즘 계속 수많은 콘텐츠가 쏟아져나오는 릴스를 배우는 것, 그리고 영상을 작게라도 찍어보는 것. 혹은 누군가에게 도움이 되는 솔루션을 주는 것이 결국엔 핵심인 것 같습니다. 얼굴이 오픈되지 않더라도 충분히 가능하다는 말씀을 먼저 드립니다. 드러내지 않더라도 사업은 잘할 수 있다! 그러니 우선 작게라도 시작해 보세요! 아시겠지요?!

10. 공공기관 오프라인 강사로 데뷔하는 방법을 알 수 있을까요?

오프라인 강사로 데뷔하고 최소 30회 이상의 강의를 진행하면서 취득한 공공기관 오프라인 강사로 데뷔하는 방법을 알려드릴게요.

1) 나를 나타내는 강사 프로필을 만드세요.

제가 만든 저의 프로필입니다. 이렇게 프로필 만들기 어려울 것 같으신가요? 미리캔버스나 캔바에 '강사 프로필'이라고 찾으시면 정말 많은 템플릿이 나온답니다. 유료가 당연히 더 있어 보이겠지만, 무료도 잘 찾으면 이쁜 게 있어요. 그 템플릿을 사용해서 나만의 강사 프로필을 꼭 만들어 보세요. 혹시 처음이라 자격증이나 그런 이력이 없어서 취득해야겠다 싶다면, 마미꿈 사이버 연수원

마미꿈 사이버 연수원
홈페이지 QR코드

홈페이지 내에서도 자격증 취득하셔서 이력으로 만들어 보실
수 있답니다.

2) 강의하고 싶은 곳은 어디인지 정리해 보세요.

오프라인 강의를 어디
서 하고 싶으신가요? 복
지센터? 50+센터? 실제
로 저는 노원 50+센터
와 서부여성발전센터 등
등 많은 강의 이력을 가
지고 있어요. 이런 공공
기관에서는 아무나 강사
로 뽑지 않아요. 이력이
나 이런 부분들이 충분
히 갖춰지셔야 가능하
답니다. 요즘 많이 사용

하는 챗 GPT의 도움을 받아 이렇게 리스트업해 보셔도 좋습니
다. 전화번호를 요청해도 알려줍니다.

3) 직접 콘택트, 강의 진행 여부를 확인해 보세요!

이제 1, 2번의 준비가 끝나셨다면 '들이대(DID)'를 하실 시간입니다. 리스트의 센터 내 교육 프로그램 확인, 내 강의 콘텐츠가 있는지 확인하신 후 직접 연락해 보세요. 여기서 중요한 것은 담당자를 정확하게 파악하는 것입니다. 담당자의 DB를 파악해 두시면 한 번 더 설명하실 필요 없이, 훨씬 더 빠르게 진행될 수 있습니다. 오프라인 강사 데뷔! 충분한 역량을 갖추신 선생님이시라면 꼭 도전해 보세요!